「不適切な保育」の予防・発生時

対応ガイドブック

浅井拓久也

鎌倉女子大学准教授

JN240265

SE SHOEISHA

はじめに

　最初にはっきりと言っておきます。言葉がけを見直しても不適切な保育がなくなるとは限りません。徒労や無駄骨に終わるだけかもしれません。

　不適切な保育が起こる背景にはもっと根深く、様々な要因があります。そうした要因をきちんと考えないまま、言葉がけを見直すという短絡的で表面的な対応をしても効果はありません。むしろ、不適切な保育防止を真剣に考えた「ふり」をしているとさえ思います。単なるパフォーマンスなら、やらないほうがよいです。

　では、どうすればよいかというと、言葉がけという行動だけではなく、その背景にある考え方・ものの見方、もっといえば現代社会の現況・雰囲気もひっくるめて自分自身の言動を点検・改善するのです。

　人間は何となく発言したり行動したりしていません。人間の言動はその人の価値観や前提、保育者であれば保育観や子ども観の影響を受けています。自分が育った社会・時代の影響も受けています。影響を受けていることをいちいち意識していないだけです。

　ですから、不適切な保育を防止するためには、言葉がけという表面的な行動だけ見直してもほとんど効果はありません。やや大袈裟にいえば、人間や社会に対する理解が欠かせないのです。

「人間や社会に対する理解!?」本書はきっと小難しいことが書いてあるのだろうなと思った方。それは違います。本書は小難しいことは一つも書いてありません。「すぐに使える」「理想論ではなく現実論」が書いてあります。

　筆者は不適切な保育防止を目的とした研修会や講演会、保育所等の訪問指導をたくさん担当しています。こうした経験に学術的な知見もブレンドして、すぐに使えて効果的、でも本質も深く理解できるような構成と内容になっています。だから、安心して本書を購入して読んでください。

　本書を読む際は、自分に引き付けて読むと学びが深まります。ある哲学者は「反省せずに読むことは、消化せずに食べるようなものだ」と言いました。反省するとは自分事化するということです。自分に当てはまるか？自分ならどうするか？他の方法や見方はないか？自分の意見との共通点や相違点は？字面だけなぞっても学びになりません。自分に引き付けて考えるから学びになるのです。

　最後にもう一度言います。言葉がけを見直そうという短絡的な学び方では不適切な保育は防止できません。本書を自分事化して読むことで学びがぐっと深まり、この深い学びこそが不適切な保育を確実に防止することにつながるのです。

2024年11月

浅井 拓久也

Contents

第 **3** 章

事例で学ぶ！不適切な保育に
つながる関わりと改善のポイント

第 **4** 章
不適切な保育を防ぐために保育者がすべきこと

Contents

Contents

第 **1** 章

不適切な保育のきほん
～すべての保育者が
理解しておくべきこと～

01 「不適切な保育」の 定義を知っておこう

そもそも不適切な保育とは何でしょう？言葉の意味をきちんと理解しておくことは不適切な保育を防止する第一歩になります。

▶ 不適切な保育とは？

こども家庭庁によると、**不適切な保育とは虐待等と疑われる事案**を指します。「虐待等と疑われる」のですから、不適切な保育には虐待等も含まれます。では、虐待等とは何かというと、**身体的虐待、性的虐待、ネグレクト、心理的虐待の**4つの虐待と、これら4つの虐待以外に子どもの心身に悪影響を与える行為のことです。

4つの虐待はそれぞれ以下のように定義されています。

身体的虐待：子どもに暴行を加えること
心理的虐待：子どもの心を傷つけるような言動を行うこと
性 的 虐 待：子どもにわいせつな行為をしたりさせたりすること
ネグレクト：食事を提供しなかったり長時間放置したりして子どもの心身の発達を妨げること

各虐待の具体例は142ページの巻末付録に掲載した保育所等における虐待等の防止及び発生時の対応等に関するガイドライン（以下、「こども家庭庁のガイドライン」）のQRコードより確認してください。

▶ 子どもの人権擁護の観点から好ましくないと考えられる関わり

こども家庭庁は不適切な保育と**子どもの人権擁護の観点から好ましくないと考えられる関わり**を分けています。不適切な保育に該当しないから問題ないと考えるのではなく、不適切な保育には該当しないけれど子どもにとって好ましくないと考えられる関わりになっていないか注意する必要があるということです。こうした区別がなされているのは、よりよい保育を目指すためです。**不適切な保育をしないというのは最低限のすべきことであって、子ども**

◻ こども家庭庁の定義

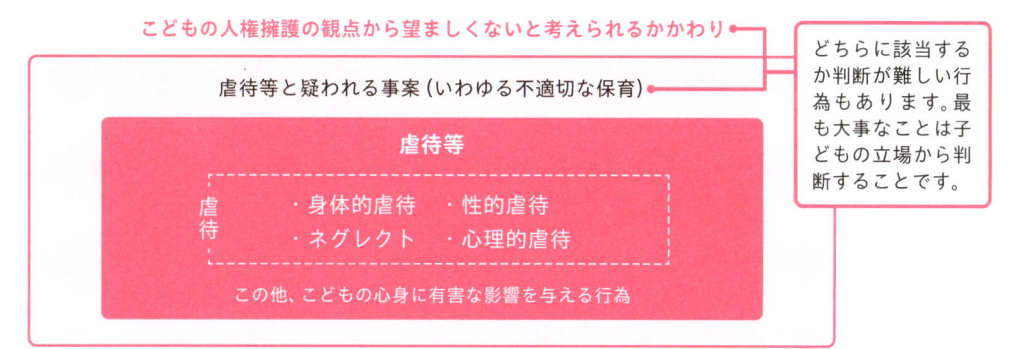

出典：こども家庭庁「保育所等における虐待等の防止及び発生時の対応等に関するガイドライン」（令和5年5月）より一部改変

の育ちを支えるために子どもにとって好ましいよりよい保育をする必要があります。そのため、不適切な保育と子どもにとって好ましくないと考えられる関わりを区別しているのです。

▶ なぜ不適切な保育の定義が必要か？

　不適切な保育の定義が決まっていなかったりあまりに曖昧であったりすると、保育がやりにくくなります。なぜなら、これは不適切な保育だろうかと常に心配し続けていると保育が委縮し、保育者の気持ちがこもっていない単調な保育になってしまうからです。また、不適切な保育に対する理解が人によってあまりに異なるようでは対応策を考える議論がかみ合わなくなります。不適切な保育を防止し、よりよい保育をするためにも、不適切な保育とは何かをきちんと定義しておく必要があるのです。

▶ 子どもの立場・視点・気持ちから判断する

　子どもとの関わりは明らかに不適切な保育であると判断できるものばかりではありません。適否の判断が難しいことも多々あります。このような場合は、保育者ではなく子どもの立場から考えてみましょう。保育者の都合や考えはいったん脇に置いて、その関わりは子どもの視点や気持ちから見ると適切と言えるかどうかを考えてみるのです。**子どもの立場・視点・気持ちから保育者の関わりを考えることでより適切な判断をすることができるようになります。**本書では、そのための考え方や方法を第3章以降で解説していきます。

02 不適切な保育は最近増えている？

不適切な保育は昔と比べて増えているのでしょうか？実は、不適切な保育が増えたと感じるのにはワケがあるのです。

不適切な保育という言葉の誕生

「不適切な保育が最近増えている」「昔と比べて今の保育（者）は質が低い」。不適切な保育が報道される際によく言われることです。本当でしょうか？不適切な保育が最近増えたと感じるのには理由があります。

その1つが**言葉の誕生**です。「不適切な保育」という言葉が誕生し、頻繁に使われる（報道される）ことで保育のよくない事例に容易に目が向くようになり、以前よりもよくない保育が増えたように感じるのです。**言葉の誕生は私たちの認識を明確化し（フレーミングし）、それに気がつきやすくするのです。**

これはセクハラや体罰も同様です。セクハラという言葉の誕生はこれまでは親しみを込めたスキンシップだとされていた行為が、体罰という言葉の誕生はこれまでは悪ふざけやからかいだとされていた行為がそれぞれ許さない行為だと認識され、目につくようになりました。結果として、昔と比べてセクハラや体罰が近年増えたように感じるのです。

「自分なりの」定義の使用

不適切な保育、セクハラ、体罰。これらの言葉には正確な定義がありますが、きちんと理解している人は必ずしも多くありません。**正確な定義を理解しないまま自分なりの定義をしてしまうのです。**だから、本当は不適切な保育ではないのにこれは不適切な保育だとして認識してしまい、結果として不適切な保育は最近増えているという認識をもつようになってしまうのです。不適切な保育が最近増えているということは断言できません。不適切な保育が最近増えたと感じるのは、不適切な保育という言葉の誕生とその不正確な定義の使用が背景にあるからです。

◻ 不適切な保育が増えたと感じる理由

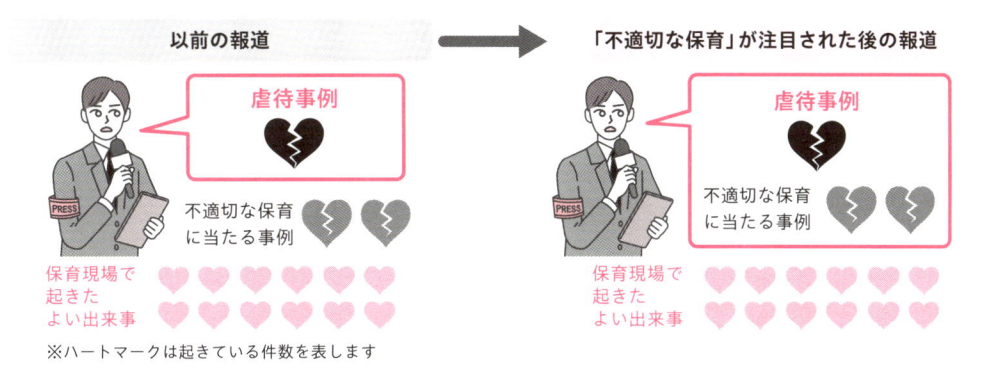

| 以前の報道 | → | 「不適切な保育」が注目された後の報道 |

※ハートマークは起きている件数を表します

「不適切な保育」という言葉の誕生によって不適切な保育が発見されやすくなる一方で、多くのよい出来事は報道されない。だから、不適切な保育が増えたように感じてしまいます。

▶ 報道の３つの特徴

　不適切な保育という言葉の誕生とその不正確な定義の使用に加えて、テレビや新聞の報道の仕方も不適切な保育が増えたと感じる理由の１つです。その特徴は３つあります。

　第１に、**そもそも日常的な保育はあまり報道されないことです**。子どもが元気に登園し、園で楽しく過ごし、幸せそうに帰宅する様子はまず報道されません。一方で、園で子どもが死亡したり保育者が子どもに虐待をしたりするとすぐに報道されます。

　第２に、**問題が起こると氷山の一角のように報道されることです**。多くの園（保育者）は適切な保育をしているのに、ある園で不適切な保育が発生するとどの園でも不適切な保育がされているように報じられます。

　第３に、**よくなったことは報道されないことです**。重大な事故等が発生した園が真摯に課題に取り組み改善し、以前よりよくなったことはまず報道されません。保育に対する悪いイメージだけが報道を見聞きした人に残ることになります。

　このようなマスコミの報道の特徴が不適切な保育は近年増えていると感じる原因の１つです。**多くの園や保育者は様々な制約や限界がある中で一生懸命に保育をしています**。今の保育は質が低下して不適切な保育が増えているなどと軽々に考えないようにしましょう。

03 適切な保育と不適切な保育を分ける3つの分岐点

適切な保育と不適切な保育を分けるポイントは3つあります。この3つを意識することで保育の適否を判断しやすくなります。

▶ 社会・時代の風潮

保育の適否を分ける分岐点が3つあります。まず、**社会・時代の風潮**です。社会・時代の風潮とは、社会や時代が保育（者）や子ども、保護者に対してどのように考えているかということです。女性が結婚すると専業主婦になることが当然だと言われていた時代がありました。炎天下や極寒の中で運動することで子どもの精神力が鍛えられると言われていた時代もありました。しかし、いまではこれらは常識や当然ではありません。

社会や時代の風潮は法律のように何がよくて何がいけないかが明文化・可視化されていません。また、社会・時代の風潮は一個人の力では変えられません。だからこそ、社会・時代の風潮をしっかり読み取り、そうした風潮に即した保育をする必要があるのです。

▶ 保育者の保育観や子ども観

次に、**保育者の保育観や子ども観**です。保育者はみなそれぞれの保育観や子ども観をもっています。保育観や子ども観とは、保育や子どもに対する自分なりの考え方のことです。例えば、子どもは厳しい環境でこそ育つという子ども観をもっている保育者と子どもは寛容・受容が尊重された環境でこそ育つという子ども観をもっている保育者とでは、子どもに対する援助や関わりは異なるでしょう。そのため、後者の保育者が前者の保育者の保育を見ると、これは不適切な保育ではないかと判断することもあるでしょう。このように、保育観や子ども観が異なると保育の適否の判断も異なることがあります。保育の適否の判断は、保育者の保育観や子ども観も考慮に入れて判断するようにしましょう。

■ 不適切な保育につながる３つのポイント

社会・時代の風潮

「現代」の風潮にそぐわない保育

筆者が子どもの頃は「米粒を残すと目がつぶれるよ」と保育者に言われましたが、いまは……？
この他に、昔は行われていたがいまは許されないしつけや保育は？

保育者の保育観や子ども観

保育や子どもに対する考え方のズレ

子どもは怪我をしながら様々なことを学ぶと考える保育者と、
園で子どもが怪我をするなんてありえないと考える保護者の話はかみ合う……？

「不適切な保育」と
判断される
可能性あり

保護者や子どもとの信頼関係

保護者や子どもとの信頼関係の不足

保護者や子どもから信頼されていないと、思わぬことが不適切な保育と判断されてしまうことも……
→普段から、保護者の考え方を理解し、こちらの考え方も理解してもらう工夫が大切

▶ 保護者や子どもとの信頼関係

　最後に、**保護者や子どもとの信頼関係**です。保護者や子どもとの信頼関係の有無・濃淡で保育の適否が分かれます。保護者や子どもが信頼している保育者の言動なら許せても、そうではない場合は許せないことがあるのです。だからこそ、日々の保育や子育て支援を通して保護者や子どもと信頼関係を作っておくことが大事なのです。

　信頼関係を作るうえで特に大事なことは、保護者や子どもの意向・気持ちを理解することです。例えば、食事の場面１つとっても、給食で用意されたものは子どもにすべて食べさせてほしいという保護者もいれば、子どもが好きなものだけ食べさせてほしいという保護者もいます。どちらが正解でも不正解でもありません。考え方が違うだけです。保護者や子どもの意向や気持ちを理解しておかないと、**保育者は適切な保育だと思っているが保護者や子どもは不適切な保育だと思っているということが起こります**。そのため、保護者や子どもの意向や気持ちを理解する必要があるのです。

04 子どもの人権を尊重した保育に必要なことは？

子どもの人権を尊重するためには保育者として適切な子ども観をもつことが大事です。それはどのような子ども観でしょう？

子どもは小さな大人　vs　独自の価値をもつ存在

子どもに対する考え方である子ども観は保育者によって様々です。どの子ども観が正解ということはありませんが、**保育者として適切な子ども観があります**。それは、子どもは小さな大人という子ども観ではなく、**子どもは独自の価値をもつ存在であるという子ども観**です。

前者の子ども観は、子どもは未熟な存在であり、大人のおかげでその未熟さを克服し成長できると考えるため、保育者中心・都合・主導になりやすく、子どもの人権を尊重するという発想につながりにくくなります。後者の子ども観は、子どもは大人に従属する存在ではなく、大人とは異なる独自の価値をもつ存在と考えるため、子どもの立場や気持ちを優先しやすく、子どもの人権を尊重するという発想につながりやすくなります。

大事なことは自分の子ども観を問い直すことです。法令で子どもの人権が大事だと示されても、子どもは小さな大人に過ぎないという子ども観をもっていると、子どもの人権を尊重する保育につながりにくいものです。自分は子どもという存在をどうとらえているのか、なぜそのようにとらえているのかを問い直し、子どもの人権を尊重した保育につながりやすい子ども観を作っていく必要があります。

子どもの言動を観察する

では、適切な子ども観を作るためにはどうすればよいのでしょうか。それは、**子どもの言動を観察することです**。子どもの言動を観察すると、大人が思いつかなかったことや気がつかなかったことを子どもがたくさん発見や指摘をしている場面に遭遇します。こうした体験の積み重ねが保育者として適切な子ども観の形成につながっていきます。

◻ 子どもの言動を観察することの重要性

この例は、『レッジョ・エミリア保育実践入門』(J.ヘンドリック、2000年、北大路書房)という本に紹介されていた11か月の女の子の実例をイラスト化したものです。

生後1年以内の子どもであっても、「仮説 - 検証」というまるで科学者のような振る舞いをしています。

▶ 法令に見る子どもの人権を尊重した保育

　保育に関する重要な法令には、子どもの人権を尊重した保育の大切さが随所で示されています。例えば、保育所保育指針には「保育所は、子どもの人権に十分配慮するとともに、子ども一人一人の人格を尊重して保育を行わなければならない」とあります。

　また、1989年に国際連合が採択し1994年に日本政府が批准した児童の権利に関する条約、通称子どもの権利条約には4つの原則があります。第1に「**生命、生存及び発達に対する権利**」です。安全が確保された環境で豊かな体験を通して子どもが様々な力を伸ばしていけるようにしましょう。第2に「**子どもの最善の利益**」です。子どもの立場から考えた保育をするようにしましょう。第3に「**子どもの意見の尊重**」です。子どもが保育者の顔色を気にすることなく言いたいことを言えるような雰囲気や関係を作り、子どもの意見を可能な限り尊重するようにしましょう。第4に「**差別の禁止**」です。兄弟姉妹であっても比較はしてはなりません。子ども同士を比較すると差別が生まれやすくなるからです。

　これらの法令以外にも、保育者は子どもの人権を尊重した保育をしなければならないことが示されています。保育者として適切な子ども観を形成し、子どもの人権を尊重した保育を行うようにしましょう。

05 現代の保育者に求められることとは？

保育者は保育の専門家です。保育者の職業倫理や専門性とは何か、不適切な保育を回避するために学ぶべきことは何か、理解を深めましょう。

▶ 保育者の職業倫理や専門性とは

　適切な保育、もっと言えば質の高い保育をするためには保育者の職業倫理や専門性を向上させる必要があります。では、保育者の職業倫理や専門性とは何でしょうか。

　全国保育士会は保育者の職業倫理として次の8項目を示しています。①子どもの最善の利益の尊重、②子どもの発達保障、③保護者との協力、④プライバシーの保護、⑤チームワークと自己評価、⑥利用者の代弁、⑦地域の子育て支援、⑧専門職としての責務です。

　また、保育所保育指針には保育者の専門性として次の6項目が明記されています。①子どもの発達支援、②子どもの生活援助、③保育の環境構成、④様々な遊びの展開、⑤人間関係構築、⑥保護者の子育て支援です。

　自分の保育をこれらの項目に基づいて点検することで、保育の改善点を見つけることができます。何より、**定期的な点検をすることは自分の保育の適否を再考する機会にもなります**。これが不適切な保育を回避し、質の高い保育につながるのです。

▶ 知識や技術だけではなく人間性も磨く

　保育所保育指針には「子どもの最善の利益を考慮し、人権に配慮した保育を行うためには、職員一人ひとりの倫理観、人間性並びに保育所職員としての職務及び責任の理解と自覚が基盤となる」とあります。

　保育者は保育者である前に一人の人間です。保育者としての職業倫理や専門性の向上も大事ですが、**社会に生きる（生かされている）人としてのあるべき姿である人間性を磨く必要もあります**。保育には保育者がもつ知識や技術だけではなく人間性も反映されます。だからこそ、保育の知識や技術だけではなく、人間性もしっかり磨いていく必要があるのです。

保育者同士の対話を大事にする

　自己覚知を上手にする方法の1つが保育者同士の対話です。対話は自分の保育を相対化する機会となります。様々な立場や年齢の同僚から意見を聞くことで自分の保育を多面的に見直すことができるからです。自分で自分の保育を見直すだけでは限界があります。対話を通して同僚から様々な意見を聞き、自分の保育を見直すようにしましょう。

▶ 不適切な保育を防止するための3つのポイント

　不適切な保育を防止するためには、保育者の職業倫理や専門性の向上に加えて、3つのポイントがあります。

　まず、**保育の学習をし続けること**です。保育に関する法令や知見、事例を学ぶことで自分の知識や技術をアップデートしていくのです。社会・時代の風潮を読むことの大切さを説明しましたが、これもまた学習の一部です。

　次に、**自己覚知を大事にすること**です。自己覚知とは自分のこと（長所や短所、得手不得手）をきちんと理解することです。保護者の子育て支援や子どもの発達を学ぶ保育者は多いのですが、自分のことも理解しなくてはよい保育ができません。社会・時代、保護者、子どもを知り自分のことも知れば百戦殆（あやう）からずです。

　最後に、**保護者や子どもとの信頼関係を作ること**です。保育の適否を左右する要因の1つは保護者や子どもとの信頼関係であることはすでに説明しました。だからこそ、保護者や子どもとの信頼関係の作り方を学び実行に移すことが大事なのです。

　この3つのポイントを押さえることで、より子どもの人権を尊重した保育ができるようになり、不適切な保育を防止する確率をぐっと高めることができます。本書の第4章で3つのポイントを身につけるための方法を詳しく解説していますので、ぜひ自分の保育に取り入れてください。

コラム

場面や状況を考慮して保育の適否を考える

　全国保育士会は「保育所・認定こども園等における人権擁護のためのセルフチェックリスト」を公表しています。29項目に対して「している（したことがある）」、「していない」でチェックをする形式になっています。ですが、このような二者択一（〇か×か）で保育の適否を判断することは好ましくありません。なぜなら、場面や状況によって適否が変わることがあるからです。

　例えば、チェックリストには「自分から訴えてトイレに行くことができるようになった子どもに対して、「おしっこ出ない」と訴えていても、トイレに行くように促す」という項目があり不適切な関わりであるとされています。本当にそうでしょうか。これから園バスに乗車するような場面では、子どもが車内で不用意な排泄をして恥ずかしい思いをしないように保育者が子どもの意志にかかわらず排泄を促すことがあります。「おしっこがでなくてもいいから便器に座ってみようよ」と言うことはありえます。これは子どもの気持ちを尊重した適切な行為ではないでしょうか。

　保育は人と人が関わる複雑な行為です。〇か×かの二者択一で単純に判断できる行為ばかりではありません。保育が行われる具体的な場面や状況を考慮したうえで保育の適否を考える必要があります。

第 **2** 章

知っておくべき
不適切な保育の
リスク

01 保育者の言動は子どもに大きな影響を与える

子どもにとって乳幼児期は特に大事な時期です。乳幼児期の保育の質の良し悪しが子どもの生涯を左右することもあるからです。

▶ 乳幼児期は人としての土台を作るとき

乳幼児期は子どもが自律的に生きていくために必要な様々な力の土台を作る大事なときです。次ページの図を見てください。図の横軸は子どもの年齢（0歳から7歳）を表しています。縦軸は脳の感受性を表しています。軸の上に行くほど感受性が高い、つまり好ましい（発達させやすい）ということです。折れ線グラフは4つあります。言葉の力、数的な力、対人スキル、感情コントロールです。これらは人が人らしく生きていくうえで欠かせない力ですが、**いずれも乳幼児期にそのピークを迎えており、就学後にピークアウトしています。**こうした事実を踏まえると、子どもに質の高い保育を提供することがいかに大切かわかります。同時に、**乳幼児期の不適切な保育がいかに子どもの人生に悪影響を及ぼすか**もわかります。

▶ 保育者の言動は子どもの行動に影響を与える

エインズワース（Ainsworth）という研究者によると、**子どもに対する保育者の関わり方が子どもの行動（正確には愛着のタイプ）に影響を及ぼします。**保育者が子どもと応答的、協調的に関わると子どもは保育者を信頼し積極的に様々な活動を展開するようになります。一方で、保育者都合で子どもを動かそうとしたり子どもに対して拒否的な言動をとったりすると子どもは保育者を回避したり無視したりするようになります。詳細は30ページの表にまとめてあります。

大事なことは、保育者の言動次第で子どもの行動が変わるということです。日々の保育が多忙になるとつい忘れがちですが、**子どもにとって保育者は大きな影響のある存在（人的な環境）であることを忘れてはなりません。**

◻ 脳の感受性と年齢の関係

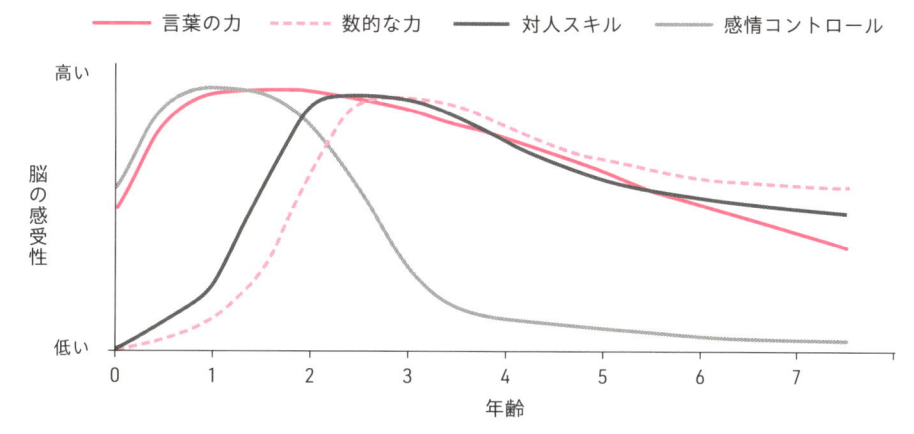

ーー 言葉の力　- - - 数的な力　━━ 対人スキル　━━ 感情コントロール

出典：Council for Early Child Development (ref：Nash, 1997; Early Years Study,1999; Shonkoff, 2000.)

▶ 厳しい家庭環境の子どもを救えるのは保育者

　経済的に厳しかったり保護者との愛着形成が十分ではなかったりする家庭環境の子どもが もいます。こうした厳しい家庭環境で育つ子どもを救えるのは保育者です。様々な研究から わかってきたことは、乳幼児期によりよい保育の提供を受けることで家庭環境のネガティブ な影響を緩和し、子どもの社会性を伸ばしたり就学後の学業成績を伸ばしたりといったポジ ティブな影響を与えることがわかってきました。あの子は家庭環境が厳しいから仕方がない というのではなく、**保育者次第で子どもの人生がよくもなり悪くもなる**ということです。

▶ 当たり前のことを地道に、丁寧に

　保育者が子どもに与える影響は大きいからといって、特別なことをする必要はありません。流行りの保育方法に飛びつく必要もありませんし、そのようなことはすべきではありません。子どもの立場や気持ちを考えて、いま自分にできる保育を精一杯進めていく。保育の後にはきちんと振り返り、改善点を考え次の保育に生かしていく。こうした**当たり前のことを地道に、丁寧にすることが大事です**。それが不適切な保育を回避することになり、よりよい保育につながることでもあるのです。

02 乳幼児期で最も大切な 愛着形成に影響を与える

乳幼児期の愛着形成のあり方は子どもの一生を左右します。愛着とは何でしょう？愛着はどのように形成されるのでしょうか？

愛着とは？

ボウルビィ（Bowlby）によると、**愛着とは子どもが特定の人に対して抱く情緒的な絆や結びつきのこと**です。特定の人とは保護者や保育者のような養育者のことです。

人間の子どもは養育者と愛着形成しやすい特徴を生まれながらにもっています。人間の子どもは他の動物より様々な機能が未熟な状態で生まれます。これを生理的早産と言います。生理的早産ゆえに、養育者の支援があってこそ生きていけるのです。そのため、人間の子どもは生来的に養育者の注意や気持ちをひきつける魅力や機能をもっています。こうした魅力や機能によって子どもは養育者と相互的に関わりやすくなり、ひいては愛着形成しやすくなるのです。

なぜ愛着形成が大事なのか？

人間が生きていくためには、自分自身や周囲（他者、社会）を信頼できるかどうかが大事なポイントになります。**信頼感は養育者との愛着形成を通して作られていきます**。赤ちゃんは主に泣くことで養育者にメッセージを送ります。養育者は赤ちゃんが泣いている理由に即して適切な対応をします。このように赤ちゃんは養育者との相互的な関わりを通して愛着形成していきます。

同時に、養育者の対応に赤ちゃんは満足し、自分のメッセージがきちんと他者に届くことを理解します。こうした経験を繰り返すことで、自分や他者に対する信頼感が育まれていきます。このように、**愛着形成を通して人間の子どもは基本的な信頼感を作っていくのです**。乳幼児期の愛着形成のあり方はそれ以降の自己効力感や他者との関わり（人間関係）にも影響を及ぼす土台ともなるので特に大事です。

◻ 愛着形成の段階

段階	年齢[*]	特徴
第1段階（前愛着段階）	生後〜3カ月	養育者の区別がついておらず、誰に対しても微笑んだり目で追いかけたりする。
第2段階（愛着形成段階）	3カ月〜6カ月	養育者を区別し、より多く微笑んだり目で追いかけたりする。
第3段階（明確な愛着段階）	6カ月〜2、3歳	養育者を明確に区別し、安全基地とした探索活動が活発になる。
第4段階（目標修正的強調関係）	2、3歳以降	心の中に養育者を維持できるようになったり、養育者の意図を理解した行動をしたりする。

＊年齢はおおよそ

▶ 愛着形成のカンドコロ

　子どもが養育者と適切な愛着形成をするために特に大事なことが2つあります。1つは、**養育者と子どもの組み合わせは同じにすること**です。愛着とは子どもが「特定の」人（養育者）に対して抱く情緒的な結びつきですから、子どもと関わる養育者が次々と変わるのは好ましいことでありません。もう1つは、**子どもにとって特定の養育者が言葉と身体で応答的に関わること**です。言葉で応答的に関わるとは、子どもに声をかけたり子どもからのメッセージ（泣く、質問する）に言葉で応えたりすることです。身体で応答的に関わるとは、簡単に言えば、子どもに触れることです。抱きしめたり頭や頬をなでたり、授乳やオムツ交換の際に肌に触れたりと、こうした身体接触を通して子どもは人のぬくもりを感じ、養育者に対して愛着形成をしていくのです。

　愛着形成をするのに特別な方法はいりません。**毎日の保育の中にある言葉や身体を通した関わりをきめ細かく、丁寧に行うことが何より大事なのです。**

　なお、愛着はアタッチメントとも言います。アタッチメントには「くっつく」という意味もあります。「くっつく」とは、まさに身体接触です。アタッチメントに「愛着」と「くっつく」の両方の意味があることはとても示唆的ですね。

03 不適切な保育が報道されると園で起こること

一度不適切な保育が報道されると信頼やイメージの回復は困難です。これまでのような「やり直し」が難しい社会になっています。

▶ 園から裏切られたという思いが強い怒りになる

不適切な保育が報道されると、園に対する信頼やイメージは大きく損なわれます。子どもが死亡したような重大事故の場合は連日報道されます。事故調査委員会や第三者委員会によって事故が徹底的に調査され、果ては報告書が作成・公開されます。こうした報道や報告書では、「子どもの人権を尊重する意識が希薄だった」「犯罪行為に相当する」「ずさんな保育体制」「事故の原因は同族経営による風通しの悪さ」のような厳しい（そして正しい）指摘がなされます。**これまで園を信頼していただけに、不適切な保育があった事実を知ると裏切られたという思いがいっそう強くなり、園に対する怒り、不信、不満が増幅します。**

▶ 信頼とイメージの回復はかなり難しい

不適切な保育が一度報道されると、信頼とイメージの回復は困難です。先に説明したように、**保育に関する報道の特徴の1つはよくなったことは報じられない**からです。また、**不祥事や事故のようなネガティブなニュースはネット上で拡散されやすく、一度ネットにのってしまうと完全に消すことはできない**からです。そのため、園が信頼とイメージの回復をすることはとても難しいのです。

保護者は園を選ぶ際にネットで園の情報や口コミを調べるでしょうから、かつて園が不適切な保育をしていたことを容易に知ることができます。不適切な保育を報じられた園がどのように改善・改革したのかは報道されておらず、ネット上には常に園のネガティブな評判があふれている（残り続けている）ので、保護者はそうした園を避けようとします。こうして園が信頼とイメージを回復することがますます難しくなるのです。

ポイント

報道されたことはネットに残り続ける

　三重県桑名市の認定こども園で保育士6人が複数の子どもに対して日常的に不適切な保育を行っていたことが2023年に公表されました。その数は50件を超え、中には、園児に約4時間にわたり給食を食べるように強要し失禁させるという言葉を失うようなものもありました。

　google検索で「不適切な保育」「三重県」とキーワードを入力した際のQRコードを掲載しました。こちらを見ると、認定こども園の実名が記載された報道がずらっと並んでいることがわかると思います。入園前に園名で検索をして、事故の事実を知る保護者もいるでしょう。一度、不適切な保育が報道されるとイメージの回復がいかに難しいのかを実感できるはずです。

▶ 一度の報道で一発アウトになる社会へ

　不適切な保育が報道されると、在園児の転園や職員の離職によって園経営が厳しくなります。それでも、これまでは待機児童も多く、保護者の就労形態も柔軟性がなかったことから、報道後しばらくすると何事もなかったかのように園経営を継続できることもありました。

　しかし、これからの社会を考えるとこうした「喉元過ぎれば熱さを忘れる」ような園経営は難しいでしょう。これまでは待機児童が多く、転園したくても希望する園に空きがなく、不適切な保育をするような園で我慢せざるを得ない保護者もいました。ですが、これからは子どもが激減し、一方で園はたくさんある（余る）社会になっていきます。また、リモートワークの普及や働き方の見直しによって保護者の就労形態がこれまで以上に柔軟になっていきます。だから、本当は希望しない園に子育てを任せる必要性が低下していきます。さらに、子どもに対する人権の尊重を当然視する社会の風潮もいっそう広がっていくでしょう。

　こうした社会の変化によって、これまでは不適切な保育が報道されても何とかなってきた園経営が今後はその継続が困難になります。**不適切な保育が一度報道されると「一発アウト」になる可能性がこれまで以上に高くなっていくのです。**

04 不適切な保育は何が、どのように報道されるか？

テレビや新聞での不適切な保育の報道のされ方やその末路を理解することも、不適切な保育を防止するためには有効です。

名前が報道されるだけではすまない

ある園の不適切な保育がテレビや新聞で報道されました。1歳児の足をつかんで宙づりにしたり倉庫や排泄室に長時間閉じ込めたり、子どもの容姿を誹謗中傷する言葉を浴びせたり泣かない子どもを泣かすために頬を叩いたりする凄惨な行為が報道されました。この事件では3名の保育士が暴行の容疑で逮捕されました。3名とも名前が報道されましたが、それだけではなく顔写真や年齢、Facebook等のSNSが特定され、経歴や過去の投稿も報道されました。取材はさらに3名の自宅周辺に及び、家族構成、近隣住民の評判、自宅の外観まで報道されました。**近隣住民はおろか日本中の多くの人がこの3名の生い立ちや経歴から近所の評判まで詳細を知ることになりました。**

罵詈雑言の音声も簡単に入手できる

保育者が子どもに暴言を言い放っている音声が報道されたこともありました。報道された音声は「パンツじゃなくておむつで恥ずかしい」「陰部（＊実際はもっと直接的な表現です：筆者注）が丸見え」「ごめんなさいは？ごめんなさいは？」「どいつもこいつも本当に嫌」等です。列挙しているだけでも胸が痛くなるような言葉ばかりです。

こうした音声は保護者が子どものカバンの中にレコーダーを入れて入手したものです。レコーダーが小型化し、性能がよくなっているためこうした音声を入手することが容易になりました。Youtubeやネットにもいまなお音声が残っています。聞いてみるとすぐにわかるのですが、一言一句はっきりと聞き取ることができます。言った言わないの水掛け論にはなりません。暴言は克明に記録されるのです。

◻ 報道が個人に及ぼす影響

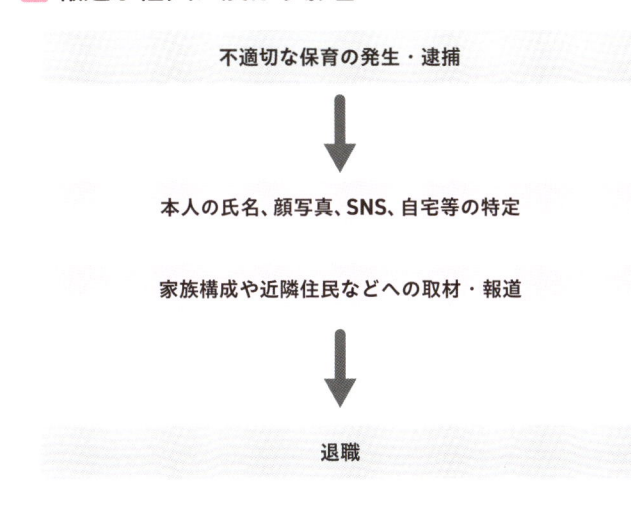

不適切な保育の発生・逮捕

↓

本人の氏名、顔写真、SNS、自宅等の特定

家族構成や近隣住民などへの取材・報道

↓

退職

報道された内容は
いつまでもネットに
残り続ける
↓
再就職に難航する
可能性が高い

▶ 社会復帰が困難になる

　不適切な保育を行った保育者は懲戒解雇等の処分によって退職することになります。このような退職は転職等の自己都合による退職とは異なり社会復帰が難しくなる退職です。なぜなら、不適切な保育の内容に加えて、名前も顔も年齢も報道されたことによって次の職場が決まらない可能性が高いからです。**子どもの尊厳を著しく損ねるような言動をした保育者を採用したい園はもちろん、一般企業や団体はありません**。ましてや、その保育者の名前や顔、ひいては不適切な言動の動画や音声までもネットに残り続けていれば、保護者や顧客が保育者の「知られたくない過去」に気がつくこともありますのでますます採用しないでしょう。

　人間は過ちを犯すものです。だからこそ、一度過ちを犯したら社会的に復帰する可能性を完全に閉ざされてしまうことが妥当なのかについては様々な議論があります。ですが、どうあるべきかについては議論すべきとしても、**いまの社会は寛容性を失いつつあり、不適切な保育をすれば一発アウトになる可能性が高いのが現実ではないでしょうか。**

　不適切な保育をしてはならないのは、子どもの人権を尊重するためであることは言うまでもありません。ですが、それだけではなく、不適切な保育をすれば保育者自身も社会から排除され、二度と復帰がかなわないリスクがあることも忘れてはなりません。

保育者（養育者）の関わり方によって愛着のタイプが変化する

　第2章1で説明したように、子どもに対する養育者の関わり方は子どもの愛着のタイプに影響を及ぼします。本文では説明しませんでしたが、サイモンズ（Symonds）も養育者の養育態度が子どものパーソナリティ（人格）形成に影響を与えることを明らかにしています。これら以外にも乳幼児期の養育者の言動が子どもの様々な側面に影響を与えることを示す研究が多数あります。こうした研究結果を踏まえると、養育者の不適切な保育が子どもにどれほど悪影響を与えるかよくわかるのではないでしょうか。

■ 保育者（養育者）の関わり方によって愛着のタイプが変化する

養育者の関わり方	愛着のタイプ
子どもが出すサインに敏感に反応し応答的に応えたり、子どもと協調的な関係を作ったりする	分離不安からの回復が早く、養育者を信頼し、積極的に探索活動を行う（安定型）
子どもが出すサインに拒否的であったり、子どもの行動を一方的にコントロールしたりする	分離不安があまり見られず、養育者を避けたり、養育者に無関心の姿勢をとったりする（回避型）
子どもの出すサインに応じたり応じなかったり、子どもに対して一貫性を欠いた（気分や自己都合による）関わり方をしたりする	強い分離不安が見られ、養育者を求める気持ちと養育者に対する怒りや不安な気持ちを同時にもち、探索活動はあまり行わない（アンビバレント型）

出典：浅井拓久也『乳幼児と人間関係』(萌文書林・2023年)

第 **3** 章

事例で学ぶ！
不適切な保育に
つながる関わりと
改善のポイント

登園時に保護者から離れられない子どもに「もう5歳なのに恥ずかしいよ」と声をかける

おはようございます！

ゆうくんは、もう、5歳なんだし、抱っこしてもらっていると恥ずかしいよ

………

朝は忙しくて時間がなく、ぐずられると困るのでつい強めの言葉をつかってしまいます。他の同年代の子どもはきちんと登園できていることも事実ですし……。

（この対応はどうして不適切？）　分離不安の要因を考慮していない言い方

　愛着ある養育者から離れることに対して子どもが不安を感じることを分離不安と言います。分離不安には様々な要因が影響しています。子どもの性格や気分、あるいは子ども自身もよくわからない理由で離れたくないのかもしれません。**分離不安の背景にある様々な要因を想像しないまま子どもを傷つけるような発言はしてはいけません。**

　分離不安を見せる子どもに「恥ずかしいね」「ママも困るよ」「みんな見てるよ」のような子どもが羞恥を感じる言動には特に気をつけましょう。子どもは18カ月頃になると自尊感情が芽生えてきます。自尊感情は自分が人前で恥ずかしい思いをしたくないという気持ちでもあります。**自尊感情が芽生えてくる中で恥をかかされると子どもはいっそう傷つきます。**分離不安には様々な要因があることを理解したうえで対応をする必要があります。

（よりよい関わりへのポイント）　子どもの不安な気持ちを受け止め、分離を促す

　まずは子どもの不安な気持ちを受け止めることが大事です。「ママとずっと一緒にいたいよね」と子どもの気持ちを代弁しましょう。**そのうえで、「じゃあ、先生が10数えるから10の間抱っこしてもらって、それから先生やお友だちと一緒に遊ぼうか」のように母親からの分離までに時間を置きましょう。**その間に子どもは自分の気持ちを整理することができます。子どもの気持ちを代弁し、分離までの時間を確保するのです。こうすることで母親から無理やり分離させるのではなく、子どもが自分から分離するように促します。

　大事なことは、子どもが自分の気持ちを受け止めてくれたと感じるような言い方を最初にすることです。この事例では、「お友だちもゆうくんと一緒に遊びたいんだって！」「（ゆうくんが好きな）積み木遊び、先生も一緒にしたいな」のような提案を最初にしないことです。子どもからすれば遊ぶより母親のそばがよいのですから、このような提案は効果的ではありません。

　「急がば回れ」という言葉があります。登園時は保育者も母親も忙しいものです。だからこそ母親から無理やり分離させる言動をしてしまいがちです。ですが、**子どもの気持ちを考えれば「急がば回れ」が最善の手なのです。**

事例で学ぶ！不適切な保育につながる関わりと改善のポイント

02

いつも他児を叩く子どもに対して、「何度注意したらわかるの!」と執拗に叱責する

悪いことはしっかり叱ることが大切だと思っています。特に何度も同じことを繰り返す子どもには厳しく接することが必要なのではないでしょうか。

この対応はどうして不適切？ なぜ子どもがそのような言動をするかを考えていない

友だちを叩いたり友だちに汚い言葉を使ったりすることはよくありません。ですが、だからといって子どもを執拗に叱責することもよいことではありません。子どもの問題行動の背景には様々な要因があるため、その要因を想定しないまま場当たり的な対応をしても効果がないからです。そこで、**子ども自身の要因と家庭の要因の2つの視点から冷静に考えてみるとよいでしょう。**問題行動の背景にある要因を想定し、想定した要因に適した対応をし、その結果を見る。こうした仮説・検証の保育をすることが、不適切な保育防止にもなります。

よりよい関わりへのポイント 問題行動の要因に即した対応を

子ども自身の要因の中には子どもの発達段階も含まれます（第4章7を参照）。例えば、子どもはおおよそ4歳前後で他者の立場から考えることができるようになります。とはいえ、4歳であっても子どもの発達段階によっては自己中心的な言動や粗暴な行為が多く見られることもあります。このような場合は、子どもをしつこく責めたり怒ったりするのではなく、他者の立場から考えることを少しずつ理解していけるように援助していくことが大事です。

また、**子どもの要因の中には「子どもの言い分」もあります。**その言い分はときに大人の常識とは違うことがあります（第1章4を参照）。ブランコを待っている子が代わってほしいと懇願した際、懇願された子が「僕が10回やったら2回やってもいいよ」という交換条件を提示したことがありました。すると代わってほしい子が「うん、いいよ」と言ったのです。間もなく叩き合いのけんかが起こりました。代わってもらった子は2回ブランコをこいだらすぐに交代になるので怒るのです。交換条件を出した子はその条件を受諾したにも関わらず怒るのはおかしいと思うから怒るのです。こうした子どもならでの論理に基づく「子どもの言い分」が問題行動の背景にある場合は、子どもを執拗に責めても子どもの育ちにはつながりません。双方の気持ちや意見を整理しつつ、子ども自身が納得できるように関わる必要があります。友だちを傷つけるのはいけませんが、だからといって無理やり謝罪をさせたり、ましてや保育者が子どもをひどく叱責したり一方的に適否の審判を押しつけても意味がありません。

問題行動の背景にある要因を想像するようにしましょう。**子どもを責めるのではなく、なぜそうした行動をしたのかをあれこれ考えることが大事です。**

食事の時間に、嫌いなものを食べるまで、好きなものを食べさせない

がんばって！
それを食べたら
おやつのゼリーだよ！

………

ほら、あともう少し！

苦手な食べ物に挑戦することも大切ですよね？　私は今のうちに克服しておくことが大切だと思うのですが……。

(この対応はどうして不適切？) 子どもの意思が尊重されず、食事の時間が楽しくなくなる

　事例のような保育では子どもは自分で食べるものや食べる順番を主体的に選択することができません。子どもの意思が尊重されないのです。何より、食事の時間が楽しくなくなります。**保育所での食事の原則は「楽しく食べる」です。**「楽しく食べる」からこそ、食事や食材に興味をもち、他者と食事をすることの喜びを理解できるようになるのです。

(よりよい関わりへのポイント) どうすれば「楽しく食べる」ことができるかを考える

　保育所での食事は楽しいかどうかがポイントです。苦手な食べ物を克服したり無理やり食べさせたりする時間・場ではありません。苦手な食べ物は成長するに従って食べることができるようになることもあります。食事の量も気分や体調に影響を受けます。子どもにとって食事の時間が楽しくなるようにしましょう。

　「楽しく食べる」ためには次の2つにも留意するとよいでしょう。第1に、**少食の子どもに対して最初から量を減らすことは必ずしも不適切とは言えないということです。**みんなは提供された食事を全部食べきっているのに自分だけ食べきることができない。最初から量を減らすのは子どもがこうした恥ずかしい思いをしないようにという保育者の気遣いとしての対応だからです。とはいえ、最初から「極端に」量を減らす、子どもがおかわりする等して食べる量が増えてきたにもかかわらず最初から量を減らすという対応は適切ではありません。他の子どもと同様の量を最初から提供するようにしましょう。第2に、**食べ物をこぼすたびに叱責することは適切ではありません。**月齢によっては手指の器用さや量を見積もる力の発達が十分ではなく、上手に手指を使えなかったり過剰な量をとってしまったりしてこぼしてしまうことがあります。子どもの発達上やむを得ないことを叱責することは適切ではありません（第4章7を参照）。

　園での食事の時間は楽しいと子どもが感じるようにしましょう。食事や食材への興味や関心、食べたいという意欲や気持ちは「楽しく食べる」からこそ芽生え、育つものなのです。

物事を強要するような関わり・声がけ

なかなか片づけをしない子どもに対して「終わるまで抱っこしないよ！」と言う

1

ポイ

2

遊んだら片づけようね。

3

ヤダ！

4

片づけるまで、抱っこしないよ。それでもいいの？

言うことを聞いてくれないとついつい否定的な言葉遣いをしてしまいます……。

ネガティブストーリーばかりでは子どもの主体性は育たない

「手洗いしないとご飯は食べられないよ」「きちんと座っていないと鬼に食べられちゃうよ」のような言い方はネガティブストーリーです。**ネガティブストーリーばかり使っていては子どもの主体性は育ちません**。ですが、ネガティブストーリーは子どもに対する強要や脅しであるというのはとても短絡的です。子どもの月齢や発達段階、状況や場面によっては「みんなで決めたお約束を守れないのなら、それはできないよ」のような言い方はルールや約束を守ることの大切さを子どもに伝えるためにも大事です。そもそも、「きちんと歯磨きしないと虫歯になって歯がなくなってしまう」のように、子どもが読む絵本にもネガティブストーリーで展開される絵本は数え切れないほどあります。

ネガティブストーリーが常に不適切になるわけではありません。保育は人と人が相互に関わる行為です。状況や場面、子どもの気持ち、保育者と子どもの信頼関係の強度等をまったく考慮しないでネガティブストーリーは不適切だとするのはあまりに浅薄であり短絡的です。何より、こうした指摘は保育者を委縮させてしまうだけです。

ポジティブストーリーで伝えることができないか考える

とはいえ、いつもネガティブストーリーだけではいけません。罰をちらつかせたり恐怖心を抱かせたりして子どもを動かすばかりでは、子どもの主体性を育てることになりません。そこで、**「ネガティブストーリーをポジティブストーリーにできないか」と考えてみるとよいでしょう**。ポジティブストーリーとは「手洗いしてからご飯を食べるともっとおいしく感じるんだよ」「ちゃんと座ると絵がよく見えるよ」のように、ルールやマナーを守ったり保育者が求める行動をしたりすることで子どもにとって楽しいことや嬉しいことがあることを伝える言い方です。**こうしたポジティブストーリーは子どもの意欲ややる気を刺激したり主体性を伸ばしたりしやすくなります**。

不適切な保育防止のためには何事も短絡的に考えないことです。ネガティブストーリーばかりでは好ましくありませんが、場面や状況によっては効果的であることもあります。だからこそ、絵本にも使われている物語の展開方法なのです。**ネガティブストーリーもポジティブストーリーも適切な場面で適切に使うことができるようになることが大事です**。

物事を強要するような関わり・声がけ

寝つきが悪い子どもに対して「仕事が忙しいから早く寝て」と言う

1　ぱっちり

2　この子が寝ないと作業ができない。忙しいのに……。

3　ねえ、先生！

4　ごめん、先生は仕事をしないといけないから早く寝てね。

いつまでも寝られない子どもがいると他の仕事のこともあり焦ってしまい、子どもを待つことがなかなかできません……。

(この対応はどうして不適切？) **子どもの睡眠の援助も大事な仕事であることを失念している**

どのような場面や状況であっても保育者として言ってはならない言葉です。**子どもの睡眠を援助することは保育に欠かせない行為であり、後回しやないがしろにしてよいことではありません**。これ以外にも睡眠の場面での不適切な保育として、寝られない子どもを保育室の外に出して放置したり、友だちと布団を離したり、布団を頭からかぶせたりする行為があります。こうした行為は子どもに疎外感や恐怖心を与えることになりますので適切な行為ではありません。

(よりよい関わりへのポイント) **「ECRS」や「問題解決思考」を使って考える**

そもそも子どもの睡眠のリズムは個人差が大きく、体調や気分、家庭での生活リズムや生活環境にも左右されやすいことがわかっています。そのため、午睡時にすっと入眠できるとは限りません。それどころか午睡の時間にまったく眠たくならないこともあります。子どもの睡眠のリズムの特徴を踏まえると「なぜ寝てくれないの」「いつまでぐずついているの」と考えることは適切ではありません。子どもの睡眠のリズムを大事にする必要があります。

とはいえ、保育者は多忙なので子どもが午睡しているときに様々な仕事をこなしていくのも事実でしょう。**このようなときこそ「ECRS」や「問題解決思考」の出番です**（第5章3、第6章5を参照）。なかなか入眠しない子どもに対してイライラして暴言を放つのではなく、「なぜ寝ない子どもにイライラしてしまうのだろう」と自分に対して問いかけるのです。入眠しない子どもにイライラする原因を深掘りしていくことで本当に解決すべきことがわかってきます。もし根本的な原因が子どもの午睡中に対応しないと終わらないほどの仕事量ということであれば「ECRS」の視点、特に「やめる」の視点から仕事を見直すことです。「やめる」の視点から考える際は、「そんなことできっこない」と考えるのではなく、「やめる」ことを前提に考えることです。そうすることで抜本的な解決策を見つけやすくなります。

入眠しない子どもにイライラするのではなく、「ECRS」と「問題解決思考」を使って考えるようにしましょう。**あれこれ考えているといつの間にか冷静になれます**。この冷静さが不適切な保育防止につながります。

子どもが黒い太陽の絵を描いたので「赤で描かなきゃダメでしょ」と指導する

1
先生、見て〜！

2
上手だね！

3
先生、わたしのも見て！

4
太陽は赤で描かなきゃダメでしょ。

間違った絵を描いてきた子どもに対して、それを指摘することは悪いことなのですか？ 当然のことだと思うのですが……。

できたできないに着目した言葉がけや他児と比較して序列・優劣をつけるような言葉がけは適切な保育ではありません。**このような否定的な言葉を聞き続けると、子どもはできることしかしなくなります。** できることなら確実に早くできるでしょうから、できることばかりするようになるのです。別の言い方をすると、新しいことに挑戦しようという意欲や気持ちをもたなくなるのです。新しいことはうまくできない可能性があり、うまくできないと保育者から否定的な言葉をかけられるとわかっているので新しいことに取り組まなくなるのです。これは子どもの成長にとって好ましくありません。**子どもは自分ができるようになったことを使いながら新しいことに挑戦し、挑戦の過程で成功と失敗を繰り返しながら様々な力を身につけていくからです。** 自信や達成感も新しいことに挑戦した結果として得られるものです。子どもなりのがんばりを否定するような言葉がけはしてはならないのです。

また、**否定的な言葉がけはしないものの、できなくて困っている子どもを無視するのも不適切な保育になります。** こうした保育者の振る舞いは子どもに精神的な苦痛（孤立感や屈辱）を与えてしまいます。子どもは悔しさや恥ずかしさから教訓や経験を得ることもありますが、そのためには無視ではなく、子どもに寄り添う気持ちと援助が必要なのです。困っている子どもを無視するようなことは保育者としてしてはならない行為なのです。

よりよい関わりへのポイント 「HOWほめ」と「WHYほめ」を活用する

子どもに否定的な言葉を使うのではなく、できたこと、がんばったこと、工夫したことなどをほめるようにしましょう。**ほめ方としておススメなのが、「HOWほめ」と「WHYほめ」です。**「HOWほめ」は、例えば子どもが製作物を作った際に「素敵だね！どうやって作ったの？」と質問し子どもから返答を得てほめます。つまり、完成までの過程に焦点を当ててほめるのです。「WHYほめ」は、「素敵だね！どうしてこうやってやろうと思ったの？」と質問し子どもから返答を得てほめます。つまり、子どもの考えや意図に焦点を当ててほめるのです。**「HOWほめ」と「WHYほめ」を活用することで、子どもの成長につながる言葉がけになります。** なお、第7章のワーク5を参考にすると、今以上にほめ上手になります。

整列時にきちんと並ばない子どもの腕をつかんで引っ張る

ともるくんは、いつも注意を聞いてくれず手を焼いています。どうしたら言うことを聞いてくれるのでしょうか。

無理やり・強引からは何も学べない

　地震や火災等の緊急事態のような場合は別として、**保育者が無理やり・強引に子どもを行動させようとすると怪我をすることもありますし、何より子どもは何も学べなくなります**。何も学んでいないのですから、また同じこと（主体的に動かない）を繰り返す可能性が高いでしょう。すると、この子は何度言ってもわからないのだと保育者の気持ちや考えが次第に悪い方向にエスカレートしていき、いつの間にか引っ張るだけではなく叩いたり、「ばか」「うざい」のような子どもを罵る言葉がけをしたりするようになります。まさに一事が万事です。

　子どもに対する暴力や人格を否定するような言葉がけは不適切な保育です（第1章1を参照）。こども家庭庁のガイドラインでも暴力は身体的虐待、人格を否定するような言葉がけは心理的虐待に該当するとされています。大人からの暴力や暴言は子どもの心身に悪影響を及ぼします。**暴力や暴言は連鎖するので、日頃から暴力や暴言を受けている子どもは友だちにも暴力や暴言を使うようになります**。子どもに対する暴力や人格を否定するような言葉がけは絶対にやってはならないのです。

主体的な行動をするために必要な3つの要因

　子どもが主体的に動かない場合、引っ張ったり叩いたりするのではなく、なぜ主体的に動かないのかを考えましょう。子どもが主体的に行動するためには3つの要因がそろう必要があります。**第1に、「なぜその行動が必要か」という必要性を理解することです**。なぜその行動が必要かを子どもが理解しているか確認するとよいでしょう。**第2に、「やってみよう！」という意欲・やる気をもつことです**。子どもが行動する意欲をもっているかを確認しましょう。**第3に、「こうやればできる」という方法・やり方を理解することです**。方法ややり方（事例ではどこに、どうやって整列するのか）がわかっていないと行動に移すことはできません。保育者から「わかった？」と問われると子どもは「わかった！」と答えがちです。本当に子どもが方法・やり方を理解できているかを確認しましょう。この3つの要因がきちんとそろっているかを確認し、足りない要因は保育者が援助して補うことで、子どもは主体的に行動するようになります。もちろん、不適切な保育防止にもなります。

08

罰を与える・乱暴な関わり

言うことを聞かない子どもに対し罰として廊下に立たせる

 子どもが悪いことをしたら、きちんと叱るのは当たり前ですよね。

罰として他児と接触させないことは心理的な虐待です

こども家庭庁のガイドラインには、心理的虐待の具体例として「他のこどもと接触させないなどの孤立的な扱いを行う」と示されています。また、子どもの気持ちや言い分を考慮せずに廊下に立たせたり散歩に連れて行かなかったりする行為はネグレクトにも該当します。ガイドラインにはネグレクトの具体例として「こどもにとって必要な情緒的欲求に応えていない（愛情遮断など）」「別室などに閉じ込める、部屋の外に締め出す」と示されています。**罰として子どもを他児と接触しないようにすることは不適切な保育です**。もちろん、しつけ、指導、教育のような言葉のもとにこうした行為がなされても不適切な保育であることには変わりありません。

よりよい関わりへのポイント **なぜ言うことを聞かないかを考える**

子どもに罰を与える場合、一つの前提があります。保育者は適切な行為をしていた、別の言い方をすると保育者には何ら落ち度はないという前提です。**子どもが言うことを聞かない場合、悪意やいたずら心から言うことを聞かないのではなく、単に保育者の求めることが理解できないだけということがあります**。子どもがきちんと理解できるような「伝わる」言い方をしていなかったり、必要な情報が十分に提供されていなかったりすると、子どもは保育者の要求を理解することができません。このような場合は、子どもの理解力の問題ではなく、保育者の説明の仕方に問題があるのです。ですが、子どもに罰を与えようとする保育者はこの点を見落としがちです。**子どもに罰を与える前に、自分の説明の仕方は適切だったかと自問しましょう**。自問する間に冷静になれます。冷静になれば、子どもに罰を与えることは適切ではないことに気がつけるでしょう。

もちろん、保育者の説明に瑕疵はなく、子どもの理解力に問題があることもあります。そのような場合でも「なんで言うことを聞かないんだ！」と感情的になるのではなく、**子どもが理解できるような方法を模索しましょう**。口頭で説明するだけではなく視覚情報を活用したり見通しがもてるような言葉を使ったりするのもよいでしょう。ポイントは「なぜ言うことを聞かないのか」をきちんと考えることです。それが、不適切な保育防止につながります。

09

一人ひとりの家庭環境を考慮しない関わり

いつもお迎えが遅い親の子どもに「お母さん、いつも遅いよね」と言う

悲しい顔をみると、ついつい「お母さん、いつも遅いよね」「お母さん、もっと早く来てくれたらいいのにね」といった声がけをしてしまいます。

この対応はどうして不適切? **保護者を否定するような言葉を子どもに言う**

「お母さん、いつも遅いよね」と言われた子どもの気持ちを想像してみてください。友だちはママやパパが迎えにきて喜んで帰宅していく。「夜ご飯、何食べようか」という楽しい会話も聞こえてくる。そのようななか、自分はまだ親を待っている。とうとう広い保育室の中でぽつんと一人だけになってしまう。このときの子どもの気持ちを想像することができるのなら「お母さん、いつも遅いよね」という言葉がどれほど子どもの心を傷つける言葉かわかるのではないでしょうか。

保護者を否定・批判するような言葉を子どもに使ってはいけません。「お母さん、いつも遅いよね」だけではなく、「Aちゃんのママはいつも遅刻するよね」「Bくんのママは忘れ物が多いよね」のような言葉も同様です。保育者から保護者を否定されると子どもは逃げ場がなくなります。自分が信頼している保育者(先生)が親を否定している。自分が信頼している親が否定されている。**乳幼児期の子どもの人間関係は限定的だからこそ、保育者が保護者を否定すると子どもは心理的に苦しい状態に追い込まれます。**

保育者の言葉は子どもにとってとても重いものです。信頼している先生であればなおのことです。保護者を否定するような言葉を子どもに対して使うことは心理的虐待に外ならないのです。

よりよい関わりへのポイント **子どもの気持ちに寄り添い、安心感を与える**

子どもの不安な気持ちに寄り添い、安心感を与えるような関わりをすることが大事です。「大丈夫だよ。ママがもうすぐ迎えに来てくれるからね」のように子どもの不安を緩和するような言葉をかけるのもよいでしょう。製作活動をしたり絵本の読み聞かせをしたりして、不安な気持ちから楽しい気持ちに切り替えたり子どもの気を紛らわしたりするのもよいでしょう。啐啄同時という言葉があります。雛鳥が卵から出ようと殻の中からつついて音をたてるとすかさず親鳥もつついて殻を破る手助けをすることです。つまり、お互いのタイミングがピタリと一致することです。子どもの不安な気持ちを感じたらすかさず安心感を与えるような関わりをする。**啐啄同時な保育が大事なのです。**

体が汚れている子どもに
「昨日も同じ服だったよね？」
「着替えさせてくれないの？」と聞く

翌日——

それは昨日と同じ服？

服を着替えさせてもらえないの？

かわいそうという気持ちから子どもに声をかけました。家庭環境について質問することも大切なのではないでしょうか。

（この対応はどうして不適切？）「家庭環境が悪い」と示唆するような言い方

子どもの前で保護者を否定するような言い方は不適切な保育であると説明しました。**保護者ではなく家庭環境を否定したり、家庭環境がよくないと受け取られたりする言い方も不適切な保育になります。**ましてや、人前でこうしたことを言われれば子どもの自尊心はとても傷つきます。子どもの自尊心を傷つけるような言動はまさに心理的虐待です。本事例と類似する例として、子どもの持ち物に対して「これって高いよね」とか「毎月旅行に行けるなんてお金持ち！」のような発言も不適切です。保育をするのに子どもの持ち物の金額や家庭の経済状況に関する情報はまったく不要です。**現代社会では経済格差が大きくなっているからこそ、こうした不用意な発言によって子どもを傷つけることがないようにしなければなりません。**

児童福祉法第24条第1項に示されているように、そもそも保育所は保護者の就労や病気等の事情で家庭だけで子育てをすることができない乳幼児を保護者に代わって保育することを目的とする施設です。様々な事情を抱えた保護者の子どもを預かるのが保育所なのですから、中には経済的に厳しい家庭環境の子どももいます。**厳しい環境で育つ子どもにも適切な保育を提供し、その育ちを支えるのが保育なのですから、家庭環境の悪さを示唆するような発言は保育所の目的（保育者としての使命）に反すると言わざるを得ません。**

（よりよい関わりへのポイント）子どもの家庭環境に触れるような発言はそもそも必要ない

人前であればなおのことですが、そもそも子どもに対して家庭環境に関する話題を取り上げる必要はありません。子どもが園で楽しく過ごすために家庭環境の話題はまったく必要ないからです。また、家庭環境に関して確認するべきことがあるのなら子どもではなく保護者に質問すればよいのです。もちろん、保護者からの虐待を疑われるような場合は子どもに家庭での様子を聞く必要があるかもしれません。ですが、このような場合は慎重に行うべきであり、人前で子どもに家庭の様子を質問するなどもってのほかです。子どもの家庭環境に触れなくても充実した保育はできます。子どもの家庭環境に関する話題を不用意に取り上げないようにしましょう。

11

差別的な関わり

排泄に失敗した子どもに「おもらししたの？」と他児の前で言う

1

お昼寝の時間終わりだよ〜

2

起きる時間だよ

3

おもらししたの？

4

おもらしだ〜

特に問題となることはしていないと思うのですが、どこが悪いのですか？

この対応はどうして不適切？　子どもの心を二度傷つける

　排泄に失敗した子どもを長時間放置したり人前で責めたりすることはネグレクトや心理的虐待に該当し不適切な保育になります。子どもの月齢によっては、排泄に失敗するととても恥ずかしい思いをするものです。特に、排泄の失敗を他児に知られるといっそう恥ずかしい思いをします。子ども自身が辛い気持ちになっているからこそ、保育者が子どもを責めてはいけないのです。**排泄に失敗した子どもを責めるようなことをすれば、子どもの心は二度傷つきます。**子どもが排泄に失敗した際は子どもの恥ずかしいという気持ちを受け止め、それ以上子どもが傷つかないようにする必要があります。

よりよい関わりへのポイント　子どもの自尊感情を大事にした言葉をかける

　子どもが排泄に失敗した際、まずは「大丈夫だよ」と子どもの恥じらいや不安な気持ちをしっかり受け止め、緩和することが大事です。その場で本人に対応させるなどはもってのほかです。子どもに屈辱を与える行為でしかありません。トイレや別室に移動して体を拭き、新しい洋服を用意してあげましょう。**保育室に戻る前に子どもをぎゅっと抱きしめてあげてください。**「大丈夫だよ」「きれいになったね」と言葉で言われるだけではなく、保育者に抱きしめてもらうことで子どもはいっそう安心します。

　保育室に戻ったら子どもの様子をしばらく注視しましょう。他の子どもに馬鹿にされていないか、排泄に失敗した子どもが友だちの輪の中に入って楽しんでいるかを確認するのです。「おもらししたよね！いけないよね！」と言う子どもがいる場合は、その子をきつく叱責するのではなく、「誰にでもあることだよ」「そういうときもあるよ」と優しく諭します。なぜなら、**こうした発言をする子どもは排泄に失敗した子どもを馬鹿にしているのではなく、自分が排泄に失敗したときに保育者にどのように扱われるかを確認しているからです。**だから、保育者が優しく諭すことで排泄に失敗した子どもだけではなく、他の子どもも安心するのです。「おもらししてかっこ悪い」「みんなもおもらししないように」のような発言は排泄に失敗した子どもだけでなくそれ以外の子どもも心理的に追い込むことになります。もちろん、不適切な保育であり、教育的な効果は何一つありません。

12

差別的な関わり

子どもに話しかけられた際、「いま忙しいから後にして！」と言う

先生！先生！

いま忙しいから後にして！

子どもにかまってあげられないときも確かにあると思います。そんなときはどう声をかけたらよいのでしょうか。

この対応はどうして不適切？ 保育者が主、子どもが従という発想がにじみ出ている

子どもに話しかけられた際、「いま忙しいから後にして！」と言うことが多い保育者は自分の保育観を見直す必要があります。なぜなら、**こうした発言の背後には保育者が主、子どもが従という発想がにじみ出ているからです**。あなたは役職がない保育者だとしましょう。話しかけられた相手が園長だったら「いま忙しいから後にして！」と言ったでしょうか。理事長だったら？保護者だったら？実習生の指導のために来園していた大学の教員だったら？おそらく、このような発言はしないでしょう。では、なぜ子どもにはこのような発言をするのでしょうか。それは、自分では意識していなくても、保育者が主、子どもが従という発想になっているからです。自分は上、子どもは下だという意識があるからこそ、園長や保護者には言わない言葉を子どもには言うのです。**こうした上下関係の思考は不適切な保育につながりやすい大変危険な思考です**。

よりよい関わりへのポイント 子どもが見通しをもてる言葉をかける

どうしても手が離せない場面や状況で子どもに話しかけられたら、「いま忙しいから後にして！」のような抽象的（不適切）な言い方をするのではなく、**子どもが見通しをもてるような言葉をかけましょう**。例えば、「いまはどうしてもお話を聞けないんだよ。ごめんね。5分後に先生から声をかけるから待っていてくれる？」「ちょっとだけ待ってほしいんだ。そうだ！30数えてくれる？30数えてくれる間に用事を済ませちゃうね」のように子どもに言うのです。**「5分後」「30数える」のような具体的な言葉があることで子どもは見通しをもてるので待っていようという気持ちになります**。

こうした見通しをもてる言葉を使って子どもに待ってもらうのではなく、聞いたふりをしてはいけません。**「心ここにあらず」の姿勢はすぐに子どもに見抜かれます**。適当な相槌や頷きをしていると、子どもが話したいという気持ちを失うことになります。子どもが言葉を習得するためには言葉を使ってみたい、他者とコミュニケーションしたいという子ども自身の意欲が何より大事です。「心ここにあらず」の聞き方はこうした子どもの意欲を損ねてしまいます。いいかげんな聞き方をするのなら、見通しをもてる言葉を子どもにかけて待ってもらう方がずっとよいのです。

差別的な関わり

子どもが作った作品に子どもの意見を聞かないで勝手に手を加える

お絵描きをみるときは、こうしたらもっと良くなるという点をアドバイスするようにしています。

(この対応はどうして不適切？) **自分が値踏みされていると感じてしまう**

　子どもが作った作品に保育者が手を加える必要性はありません。ましてや、子どもの意見を聞かないで保育者が勝手に手を加えるのは子どもの自己決定を損ねる行為であり、適切な保育とは言えません。

　子どもの作品に保育者が手を加える必要性がない理由は3つあります。第1に、**子どもの作品に唯一の正解はないからです**。子どもは自由な発想に基づいて表現活動をします。そこに唯一の正解はありません。唯一の正解はないのですから、子どもがこれで完成！という形が正解なのであり、それゆえに保育者が手を加える必要はありません。第2に、**完成させることよりも完成に進む過程の方が大事だからです**。試行錯誤や創意工夫によって子どもの様々な力は伸びていきます。保育者が手を加えるのなら、子どもの試行錯誤や創意工夫がいっそう充実するように援助することです。第3に、**そのようなことをすれば子どもは自分が評価（評定）されていると感じ、活動が楽しくなくなるからです**。保育者に値踏みされていると感じる活動になると自由な発想どころか委縮するようになります。当然、活動を楽しむことはできません。子どもは楽しいという快感情を伴う活動から多くを学ぶと言われていますので、これでは逆効果です。

　このように、子どもが作った作品に保育者が手を加える必要はまったくありません。ましてや、子どもの意見を聞かないで勝手に手を加える行為は子どもの自己決定を損ねる不適切な保育です。

(よりよい関わりへのポイント) **子どもの自己決定を尊重する**

　子どもがこれで完成！というのなら、保育者がそれ以上することはありません。**子どもの自己決定を尊重することが大事です**。

　完成品のクオリティが著しく低いと、それを見る保護者の目が気になってしまい、勝手に手を加えてクオリティを上げたくなるのかもしれません。そのようなときは登降園時の保護者との会話や連絡帳を通してその子のがんばりや工夫をしっかり伝えることで保護者も安心します。保護者の目を気にするあまり不適切な保育になってしまわないようにしましょう。

14

午睡のときに いつもお気に入りの 子どものそばにいる

別の日——

ねえ、先生！

たくやくんを特別扱いしているつもりはありません。さとしくんも寂しいなら寂しいともっと声をかけてきてくれたらいいのに……。

この対応はどうして不適切？　子どもも差別的な言動をするようになる

　午睡時にいつも特定の子どものそばにいたり特定の子どもとばかり遊んだりすると、一部の子どもは疎外感や孤立感を感じます。自分は排除されているのだと感じた子どもは心に大きな傷を負います。また、保育者に特別扱いされている子どもも息苦しさや居心地の悪さを感じることがあります。**保育者による差別的な振る舞いはどの子も幸せにしないのです。**

　また、**保育者が差別的な振る舞いをすると、差別は正しいこと（許されること）なのだと子どもは学んでしまいます。** 子どもは大人のすることを模倣します。学習は模倣することですから、大人の言動を模倣することが子どもの学びなのです。それゆえに、保育者が差別的な振る舞いをしていれば子どもも差別的な振る舞いをするようになります。差別は決して許される行為ではありません。人間の尊厳を大きく損ねる行為だからです。子どもに対して差別的な言動はいけないのだと伝えても、保育者が差別的な言動をしていたのではまったく効果はないのです。

よりよい関わりへのポイント　原則としてすべての子どもに対等に接する

　保育者はすべての子どもに対して対等に接する必要があります。 もちろん、特別な事情がある場合はこの限りではありません。一時的に家庭環境が悪化し、これまでは何ともなかった子どもの精神状態が不安定になり始めたような場合は、他児とは異なる接し方をする必要があります。場合によっては、他児よりも接する回数が増えることもあるでしょう。ですが、こうした特別な事情がある場合を除いては、保育者はすべての子どもに対して対等に接しなくてはなりません。

　とはいえ、人間関係には相性があります。相性がよい人もいれば、そうではない人もいます。当然、保育者と子どもの間にも相性があります（第4章3を参照）。また、保育者それぞれが子ども観をもっていますから自分の子ども観に合うような子どもには親和性を感じやすくなります。だからこそ、**自分の言動が差別的な関わりにならないように常に意識し、定期的に振り返ることが大事です。**

　なお、特別な事情がある場合を除いて、性別による差別もしてはいけません。「女の子はそんな言葉を使わないの！」のような言い方も慎むべきです。

不適切な保育は重大事故にもつながる

　不適切な保育は子どもの心身の発達に好ましくない影響を及ぼすだけではなく、重大事故を引き起こし、子どもの命を奪ってしまうことがあります。

　ある園で子どもが苦手な食べ物を強引に食べさせたり、食事の時間内に配膳されたものをすべて食べきるようにさせたりしたことで1歳2カ月の子どもの命が奪われる重大事故がありました。

　読者のみなさん、想像してみてください。この不適切な保育で命を奪われた子どもが最後に見たシーンはどのようなものだったかを。この世を去る最後のとき、どのような気持ちだったかを。時間内に食べきらせるために必死になって食べ物を子どもの口に運ぶ保育者の表情に笑顔はなかったでしょう。文字にしてはいけないような表情だったかもしれません。死の直前には苦手な食べ物が口の中いっぱいに広がり、喉に詰まり息もできなかった。こうしてたった1年2カ月でその人生を終えたのです。たった1年2カ月です。もう一度言います。たった1年2カ月です。子に先立たれた親の気持ちや死の直前まで苦しんだ子どもの気持ちを想像すると、保育の研究者としても娘をもつ父親としても胸が張り裂けそうになります。

　不適切な保育は子どもの命を奪うことがあります。いや、不適切な保育は子どもの命を奪う行為と表裏一体だと言っても言い過ぎではないでしょう。不適切な保育は絶対にしてはいけません。不適切な保育はすべての人を不幸にするだけなのです。

「原因自分思考」をもつ

　保護者との関係がうまくいかない。子どもが言うことを聞いてくれない。保育が上達しない。このように物事がうまく進まないとき、誰かの責めにする他罰的な思考をしがちです。「私がうまくいかない原因はあいつのせいだ」という「原因他人思考」です。ですが、残念ながら「原因他人思考」で物事がうまく進むことも問題が解決することもありません。むしろ、事態は悪化するだけです。

　大事なことは「原因自分思考」をもつことです。物事がうまくいかないのは自分のせいだと考えることです。「原因自分思考」は自分を追い詰めることでも自己否定することでもありません。むしろ、いま自分にできることは何かを考えるとても前向きな思考なのです。物事がうまく進まない原因を他者に求めても他者をコントロールすることはできません。だから、「原因他人思考」は早晩壁にぶち当たり、その先に進めないのです。ですが、「原因自分思考」は原因を自分に求めるのですからいくらでも前に進めます。なぜなら、自分は自分をコントロールできるからです。別の言い方をすると、うまく進まない物事に対していま自分は何ができるかを考えることで事態を打開する方法が見つかる可能性がぐっと高まるからです。だから、物事が前進します。

　「原因自分思考」を身につけましょう。「原因自分思考」が身につくと、常に冷静に考えることができます。冷静に考えるのですから、不適切な保育防止にもつながります。

第 **4** 章

不適切な保育を
防ぐために
保育者がすべきこと

01 社会・時代の風潮に 適した保育をする

社会・時代の風潮は常に変わっていきます。社会・時代の価値観や当然視することを踏まえた保育をすることが適切な保育につながります。

▶ 社会・保護者・子どもを知り自分を知れば百戦殆からず

保育の適否を分ける分岐点は3つあると説明しました。社会・時代の風潮、保育者の保育観や子ども観、保護者や子どもとの信頼関係です。不適切な保育を防止するためにはこの3つの分岐点に対応する必要があります。具体的には、社会・時代の風潮や、保育に関する法令や仕組みを学習すること、保護者や子どもの意向を知り信頼関係を作ること、自分自身を知ること（自己覚知）です。みなさんは「彼を知り己を知れば百戦殆からず」という言葉を聞いたことはありますか。**保育における不適切な保育を防止する方法はまさに「社会・保護者・子どもを知り自分を知れば百戦殆からず」なのです。**

▶ 社会・時代は変わり続ける

まず、社会・時代の風潮を読み取り、それを踏まえた保育をすることが大事です。社会・時代の風潮を読み取るとは、社会・時代が保育（園や保育者）や子ども、子育てに対してどのように思っているかを理解することです。**昔は許されたけれどいまは許されない行為はたくさんあります。**それは社会・時代の考え（価値観や当然視すること）が変わってきたからです。筆者が子どもの頃は、園ではエビフライは尻尾まできちんと食べるようにと言われていましたが、いまは尻尾まで食べるように指導する保育者はあまりいないでしょう。こうした例は枚挙に暇がありません。だからこそ、社会・時代が保育に対してどう考えているかを理解する必要があります。

保育にブランクがある方は特に注意が必要です。**昔は問題がなかった保育をいまの社会・時代で無意識のうちに行ってしまうことがあるからです。**いまの社会・時代に適した保育とは何かを学習してから保育を行う必要があります。

分岐点	社会・時代の風潮	保育者の保育観や 子ども観	保護者や子どもとの 信頼関係
対応方法	最新の法令や保育に 関する事例を学ぶ （第4章1〜2で解説）	自己覚知を徹底する （第4章3〜6で解説）	保護者や子どもの考えや 意見をきちんと理解する （第4章7〜14で解説）

↓

社会、保護者、子ども、自分に対する理解を深めることが、
不適切な保育の防止につながる

適切な保育か不適切な保育かは、社会・時代の風潮、保育者が保育や子どもに対してどのような考えや意見をもっているか、保育者と保護者や子どもとの信頼関係の有無や強弱によって変わります。

▶ 保育者の立場と親の立場を切り分ける

　保育者のなかには子どもを育てている最中という方もいるでしょう。実は、子育て中の保育者はいつの間にか不適切な保育をしてしまうことがあります。なぜなら、**子育てと保育が一緒になってしまうことがあるからです**。子育ては、それが違法な行為でもない限り、保護者の好きなようにすればよいでしょう。自宅でエビフライの尻尾や苦手な食べ物を残さず食べさせても問題ありません。ですが、保育では問題が起こる可能性があります。保育では子どもが食事を楽しめるようにすることが大事であると食育に関する指針等に示されています。**保育者は法令や各種のルールに従って保育を行う必要があります**。自分の子育て観や子育て方法より法令やルールが優先されるのです。自宅で自分の子どもにしていることをいつの間にか保育でもしてしまうと、不適切な保育になってしまう可能性があるのです。

　保育をする際は保育者としての立場と親の立場をしっかり切り分けましょう。そのためには、自分が正しいと信じる（実際に行っている）子育て観や子育て方法はいったん脇に置いて、「保育者として」適切な行為は何かを考えることが大事です。親ではなく保育者として適切な行為こそが、園で他人の子どもを育てる行為である保育に欠かせないことなのです。

02 法令や研修から社会・時代の風潮を学習しよう

学習の効果の1つは、自分を相対化できることです。相対化とは、自分の考えや視点を見つめ直すということです。法令や研修はそのよい機会になります。

▶ 法令には社会・時代の風潮が反映される

法令には社会・時代の風潮が反映されます。法令、中でも法律は立法機関である国会が制定しますが、国会は「何となく」や「思いつき」で法律を作ったり変えたりしません。社会の声を受け、その声を反映する法律を作るからです。だから、**保育に関する法令を読むことは、保育に対する社会・時代の声を読み取ることにもなります**。特に、すでに存在していた法令が改定される場合はその改定された箇所には社会の声がいっそう強く表れます。

例えば、次ページのある通知を見てみましょう。この通知は2023年に変更されました。2020年と2023年の通知を比べると下線部が異なります。2020年の通知では、子どもに身体的な苦痛を与えてはいけないとだけ書かれています。しかし、みなさんもよくご存じの通り、2020年以降も園での子どもに対する虐待や不適切な保育がありました。子どもが吐き出した食べ物を再び食べさせるという凄惨な事件もありました。こうした事件が報道されるたびに、保育に対する社会的な眼差しはますます厳しくなっていきました。

そこで、2023年の通知では子どもに身体的な苦痛を与えることは犯罪行為であると踏み込んだ表現に変更されました。園での子どもに対する虐待や不適切な保育に関する報道を見た多くの方が心を痛めたことは想像に難くありません。**子どもに対する虐待や不適切な保育は許してはいけないという社会の声が高まり、こうした変更につながったのです。**

このように、法令には社会の声が反映されます。既存の法令が変更された箇所からは、いまの社会・時代の風潮をはっきりと読み取ることができます。最新の法令を学び、法令順守の保育を心がけるようにしましょう。

法令には社会の声が反映される

厚生労働省「認可外保育施設に対する指導監督の実施について」

【2020年】
しつけと称するか否かを問わず児童に身体的苦痛を<u>与えてはならないこと。</u>

【2023年】
しつけと称するか否かを問わず児童に身体的苦痛を与えることは<u>犯罪行為であること。</u>

＊下線は筆者による

▶ 他園の保育者との対話を大事にする

　保育所に限らず、1つの組織に所属していると組織内の価値観や論理に染まってしまい、社会・時代の風潮を読み損ねてしまうことがあります。こうした事態を打開できる機会が外部研修会への参加です。外部研修会には他園の保育者も参加しています。**他園に所属する年齢や立場が異なる様々な保育者と対話をすることで、自分（の園）では当然だと思っていたことがそうとは限らないとわかることがあります。**こうした対話から得られる気づきが社会・時代の風潮を知ることにつながります。

　年配の保育者ほど外部研修に参加するとよいでしょう。自園では後輩の保育者は年配の保育者に意見を言いにくいこともあるでしょう。様々な意見を聞く機会を失うことで、年配の保育者はいつの間にか社会・時代の風潮を読み損ねてしまうことがあります。やや厳しい言い方をするのなら、「時代遅れ」になってしまうのです。ですが、外部の研修会では自園での立場や利害関係は関係ありません。だから、**年配の保育者にとって後輩の保育者から率直な意見を聞ける機会になります。**年配の保育者がもつ保育の経験・知見に社会・時代の風潮をブレンドすれば、適切な保育どころか質の高い保育にさえなっていきます。年配の保育者は積極的に外部研修会に参加しましょう。

03 自分自身のことを知る
「イラ・ム・カット」の対策を万全に！

「社会・保護者・子どもを知り自分を知れば百戦殆からず」。ここからは不適切な保育の防止につながる自己覚知の方法について学びます。

▶ 自己覚知なくして適切な保育なし！

自己覚知とは自分の好き嫌いを知ることです。みなさんはどのような保育、子ども、保護者が好きで、どのような保育、子ども、保護者が嫌いですか。ここでは好き嫌いと言いましたが、相性の善し悪しや得手不得手、保育観や子ども観と言い換えてもよいでしょう。自分が好きなことと目の前の現状が異なるとイライラしたり気分が悪くなったりしますので、不適切な保育になりやすいのです。

子どもの発達や保護者の子育て支援を学ぶ保育者は多いのですが、自分自身をきちん理解しようとする保育者は必ずしも多いとはいえません。自分のことなんてよくわかっていると思っていませんか。**どれほど子どもや保護者のことを学んでも、保育は子どもや保護者と保育者との相互作用ですから自分自身のことをきちんと理解していなければよい保育にはなりませんし、気がつかないうちに不適切な保育になってしまうこともあります**。だからこそ、自己覚知が大事なのです。

▶ 「イラ・ム・カット」を事前に防止する

自己覚知の中でも、自分が嫌いなことを理解することは特に大事です。自分が嫌いなことを理解するためには「不」のつく感情を考えるとよいでしょう。自分が「不満」「不安」「不信」「不快」「不機嫌」を感じるのはどのようなとき（行為、場面、関係）でしょうか。別の言い方をすると、どのようなときにイラッとしたりムッとしたりカッとなったりするでしょうか。**自分が「イラ・ム・カット」しやすい場面や状況を「本音ベースで」理解し、保育をする前にそれらの感情が発生しないように対策を講じておくことが不適切な保育の防止に有効なのです**。

SDGとは、自分の価値観や前提 (S) が行動に (D)、行動が結果 (G) に影響するという考え方です。

See	Do	Get
（価値観・前提）	（行動）	（結果）

> 結果を変えるためには行動を、行動を変えるためには価値観や前提を変える必要があるということです。だからこそ、自分がどのような価値観や前提をもっているか自覚することが大事です。すなわち、自己覚知なくして不適切な保育の防止、ひいては保育の質向上はないのです。

▶ 1歳児をベッドに叩きつける虐待の例

　あるベビーシッターが1歳児をベッドに繰り返し叩きつけるという虐待をして書類送検されました。子どもの泣き声を聞いた保護者が防犯カメラで様子を確認したことから虐待が発覚しました。そのときの動画が報道されました。筆者も視聴しましたが、子どもが心と体に負った傷を想像するといたたまれなくなりました。

　書類送検されたシッターは、子どもに眼鏡を何度も触られたことが不快で、かっとなってベッドに叩きつけたと供述したそうです。この事例は自己覚知ができていない保育者の好例です。子どもに眼鏡を触られることが「不快」であるのなら、眼鏡ではなくコンタクトレンズにしたり子どもに触られてもよい仕事用の眼鏡をかけたりすればよいのです。いずれの対応もできないのなら、厳しいことを言うようですが、保育者という職業を選択してはならないのです。ましてや保育をする相手は1歳児ですから、自分が見るものは何にでも興味を示して触りたいという欲求をもっています。だからこそ、**子どもが眼鏡を触ることを前提とした事前の対策が必要だったのです**。この事例では保育者が自分の「イラ・ム・カット」を事前に理解する自己覚知ができていなかったこと（さらには子どもを知ることもできていなかったこと）から起こったのではないかと筆者は思います。

04 自己覚知のカンドコロ ① 他の見方はできないか？

人間は1つの見方に囚われやすいのですが、どのような物事でも多面的な見方ができるものです。では、どうすれば多面的な見方ができるのでしょうか？

▶ 人間は1つの見方に囚われやすいことを理解する

「突然ですが、セブンイレブンのロゴを書いてください」。筆者が研修会でよく使う事例です。受講者がロゴを書いたら正解を投影し、しばらくしたら消します。次に「いま見たばかりのセブンイレブンのロゴにはいくつの色が使われていましたか」と尋ねます。3～5色の回答が多いです。再びロゴを投影して正解は4色であることを確認したら、また消します。最後に「ここまで2回も見たセブンイレブンのロゴをもう一度書いてください」と尋ねます。再びロゴを投影し、ロゴの真ん中にある英語の「ELEVEn」に注目してもらいます。実は、最後の一文字は「n」になっているのです。多くの受講者がびっくりします。

この実験からわかることは、**人間は1つのことに気が向くと他のことに気が向きにくいということ**です。ロゴを書いて正解を見るときは色のことは見ていません。何色が使われているかを問われて正解を見るときは「ELEVEn」の「n」は見ていません。こうした実験はセブンイレブンだけでなく、ローソンでもファミリーマートのロゴでもできます。あるいは、みなさんが着けている時計の文字盤や、スマートフォンの待ち受け画面にあるアプリの配置は書けますか。時計やスマートフォンは一日に何百回と見ているはずですよね。ですが、正確に書くことはできないのではないでしょうか。

人間は1つのことに気が向くと他のことに気が向きにくいということは、多面的に物事を見ようと強く意識しない限り、物事を多面的に見ることはできないということです。だから、**保育や子どもに対して自分がどのようなものの見方をしているかをじっくり考えることが自己覚知をするうえで大事なことになるのです**。先ほど、SDGという考え方を説明しました。行動を変え、結果を変えるためには、ものの見方を変える必要があります。そのためには、そもそも自分がどのようなものの見方をしているのかを知る必要があるのです。

■ ゴリラの登場にさえまったく気づかない！

「白いユニフォームを着ているチームが何回パスをするか数えてください」と受講者に質問してから動画を流します。すると、多くの受講者は動画の途中でゴリラが登場したことに気がつきません。ゴリラが胸を激しく叩いている様子にさえ気がつかないのです。人間は1つのことに気が向くと他のことに気が向きにくいというよい例です。

▶ 他の見方はできないか自問する

どのような物事も多面的に見ることができるものです。たった1つの見方しかないということはまずありません。三角錐は下から見れば丸形ですが、横から見れば三角形です。引いてみれば扇形です。**どの立場・角度・視点から見るかによって物事の見え方は様々です。**そのため、「他にどのような見方ができるだろうか」と自問すると多面的に見ることができるようになります。

▶ 対話で感じる違和感を大事にする

保育や子どもに対して自分はどのようなものの見方をしているかを知るよい方法の1つが対話です。先ほども社会・時代の風潮を知るためには園外研修会での対話が大切であると説明しました。自己覚知をする際も対話は大事なのです。特に、**対話の中で感じる他者の考え方（意見や視点）に対する違和感は自分の考え方を浮き彫りにしてくれます。**お互いの考え方が相容れないからといって論破したり全面的に否定したりしてはいけません。対話中に違和感をもったときほど、保育や子どもに対して自分はどのようなものの見方をしていたのだろうと考えてみましょう。こうした姿勢がよりよい自己覚知につながります。

05 自己覚知のカンドコロ ②自分は何を「当然だ」と思っているか?

自分が当然だと思っていることを見直すことはよい自己覚知になります。
自分の「当然」を見直す方法の1つが他者との対話です。

▶ 自分の保育観や子ども観を知る

保育や子どもに対する自分の見方だけではなく、それらについて自分が何を当然だと思っているかを知ることも自己覚知として大事なことです。「当然」は、前提や価値観、常識や思い込みとも言い換えることができます。保育や子どもに対する「当然」は、保育観や子ども観といってもよいでしょう。

こうした自分のなかの「当然」は無意識のうちに自分の意見や判断に影響を及ぼしています。だから、自分の「当然」と他者の「当然」が異なると、同じ出来事に遭遇しても意見や判断が異なることがあります。保育の文脈で言えば、ある保育の適否の判断が分かれるのは、保育者それぞれの「当然」、つまり保育観や子ども観が異なるからです。だからこそ、自分の保育観や子ども観をきちんと理解しておく必要があるのです。

▶「当然」が意見や判断を分ける

自分のなかの「当然」は無意識のうちに自分の意見や判断に影響を及ぼすということについてもう少し詳しく説明しましょう。次ページの図を見てください。出来事は同じはずなのに、上下で判断が変わっています。その理由は「当然」が違うからです。天気予報は正しいという「当然」と、必ずしもそうとは限らないという「当然」の違いが判断を分けているのです。大事なことは、こうした「当然」は自分が知らないうちに(無意識のうちに)判断に影響を及ぼしているということです。天気予報を見るたびに、「天気予報は信頼できるよね」とは思い(意識)もしないでしょう。思いもしないから「当然」なのです。**「当然」は自分の判断に対して大きな影響力をもっているのです。**

■ 「当然」が異なると意見や判断が分かれる

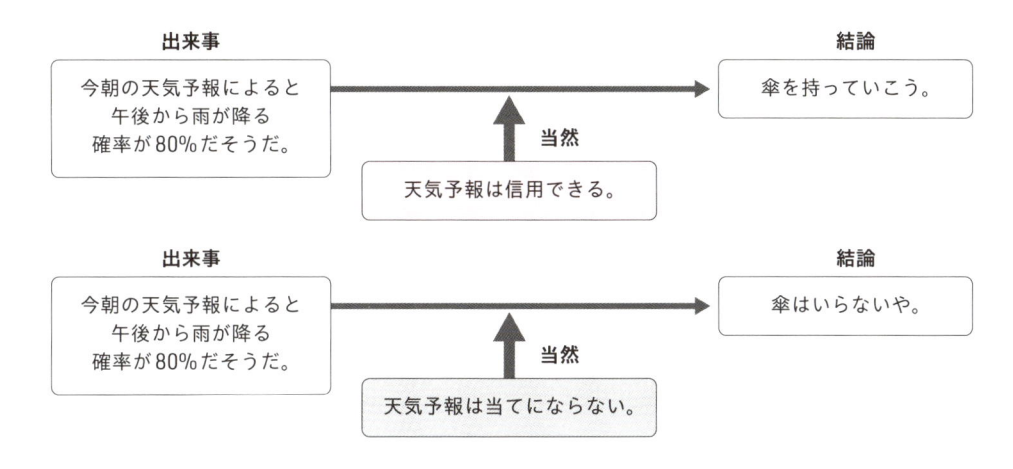

出来事
今朝の天気予報によると午後から雨が降る確率が80%だそうだ。

当然
天気予報は信用できる。

結論
傘を持っていこう。

出来事
今朝の天気予報によると午後から雨が降る確率が80%だそうだ。

当然
天気予報は当てにならない。

結論
傘はいらないや。

▶ 意見が合わないときほど自己覚知できる！

　他者と対話している際に意見が合わないときがあります。意見が合わないときは、お互いのものの見方や「当然」が違う可能性があります。だからこそ、意見が合わないときに「なんでわかってくれないんだ！」と攻撃的、感情的になってはいけません。こうした姿勢は自己覚知する機会を奪ってしまいます。**意見が合わないときは、自分や相手は「どのような立場・視点からものを見ているのだろう」、「何を当然だと思っているのだろう（保育や子どもはどうあるべきと考えているのだろう）」と自問してください**。そうすることで、自分や相手のものの見方や「当然」が次第にわかってきます。そのため、よりよい解決策が見つかる可能性がぐっと高まるのです。

▶ 子どもの「当然」を想像する

　子どもの言動が理解できず「イラ・ム・カット」の気持ちが生じたときも、「当然」に目を向けることは有効です。その子は何を当然だと思っているのかをあれこれと想像してみると、子どもの言動の意味がわかることがあります。何より、**こうしてあれこれと想像していると自分が冷静になれます**。この冷静さが不適切な保育を未然に防ぐために有効なのです。

06 自己覚知のカンドコロ ③認知バイアスに陥っていないか？

人間の思考から柔軟性を奪う様々な認知バイアスがあります。自分が認知バイアスに陥っていないかを確認することは自己覚知をするうえでも大事なことです。

▶ 認知バイアスを知る

1つのことに気が向くと他のことに気が向きにくくなったり、いつの間にか固定的なものの見方や思い込みに囚われていたりと、人間の認知力はとても脆弱です。**認知の脆弱性に加えて、人間の思考から柔軟性を奪う様々な認知バイアスを知ることも自己覚知をするうえでは大事なことです。**紙幅の都合から認知バイアスのすべてを説明することはできませんので、以下では認知バイアスの一部を紹介します。自分がこうした認知バイアスに囚われていないか考えることが自己覚知になります。

バイアス	概要	保育での例
現在バイアス	いま得られる利益を将来の利益より優先すること。	いま不適切な保育に関してきちんと学ぶことは不適切な保育を防止したり将来の保育の質向上になったりするが、今日の保育を優先して学びは後回しにしてしまう。
現状維持バイアス	今まで問題がなかったから今後も問題ないと考えること。	今まで自分の保育は不適切だと言われたことはないので、自分の保育は正しく何も変えなくてもよいと考える。
確証バイアス	自分の意見や考えに合うような情報ばかり集めて、合わない意見や考えは軽視すること。	自分の保育がうまくいっている事例ばかり集めて、失敗した事例はあのときは運が悪かったとして軽視すること。
同調性バイアス	よく考えないまま他者と同じ行動をとって安心すること。	先輩がやっているのだから正しいに決まっていると考え、先輩と同じ保育をする。
ハロー効果	1つの評価を全体の評価にしてしまうこと。	保護者からほめられたから私の保育は何をしても評価されると思ってしまう。
代表性ヒューリスティック	よくあるイメージで判断すること。	小学校教諭として働く保護者を見て、子どもにしっかり教育している（虐待はあり得ない）と考える。

☐ 認知バイアスの例

他の園で起こった不適切な保育に関する報道を聞いたときの反応

現在バイアス

今忙しいから
余裕ができたら
対策を考えよう

現状維持バイアス

うちの園では
そんなこと一度
も無かったし、
特にやり方を
変える必要は
ない

同調性バイアス

先輩たちが
つくってくれた
マニュアルだし、
問題は起こら
ない

知らず知らずのうちに、うちの園は大丈夫と思っていませんか？
前ページの表をもとに、自分や同僚が認知バイアスに陥っていない
か確認してみましょう。

▶ カリフラワーの虫になってしまうと…

「カリフラワーに住む虫はカリフラワーを世界だと思っている」という言葉があります。
自己覚知しない保育者はあっという間にカリフラワーの虫になってしまいます。カリフラワーの虫になった保育者は、自分が不適切な保育をしていることに気がつくことさえありません。なぜなら、カリフラワーの外の世界、すなわち社会・時代の風潮も自分以外のものの見方や「当然」も知らないのですから、自分は正しいと思い込んだまま保育をするからです。その結果、不適切な保育が告発され発覚し、カリフラワーの虫であった保育者は社会から排除されることになります。

▶ カリフラワーの虫にならないために

　カリフラワーの虫にならないためにも、ここまで説明してきた自己覚知が大事です。**自問自答や対話を積み重ねることで、自己覚知をしましょう。**自分のことはよくわかっているというのは思い込みにすぎません。人間は意外と自分のことをよく理解していません。だからこそ、自己覚知が必要なのです。筆者が説明した方法以外でも、みなさんが自己覚知しやすい方法を探してみましょう。**自己覚知がなければカリフラワーの虫のままなのですから。**

07 子どもの発達に関する知識が保育者にゆとりをもたらす

「社会・保護者・子どもを知り自分を知れば百戦殆からず」。ここからは子どもを理解することの大切さとその方法を学びます。

▶ 発達に関する知識不足が招いた保育者の虐待行為

先ほども取り上げた例ですが、ベビーシッターが1歳児に眼鏡を何度も触られたことが不快で、カッとなってベッドに繰り返し叩きつけるという虐待事件がありました。このシッターは自己覚知だけではなく、子どもの発達も理解できていなかったといえます。なぜなら、子どもは1歳頃になると二足歩行ができるようになり、様々な場所に出向き、様々なものに遭遇します。自分が目や手にしたものは何にでも興味を示し、触ろうとするものです。こうした子どもの発達に関する知識があれば、子どもが眼鏡に興味を示し触ろうとすることは容易に予想ができます。であれば、保育中は眼鏡をかけない等の対応が必要であることもまた容易にわかることです。

▶ 発達の知識がもたらす心理的なゆとり

社会性や言葉、身体機能、認知の発達等、子どもの発達に関する知識は様々にあります。こうした知識を学ぶことは保育者の心理的なゆとりにつながります。なぜなら、子どもの発達に関する知識は、なぜ子どもはいまそのような状態なのか、今後はどうなるのかを保育者に教えてくれます。人間は理由や見通しがわからないと不安になるものです。子どもの発達には個人差はありますが、おおよその子どもに共通する言動の背景や成長の展開の見通しを学ぶことで子どもに対する理解が深まり、結果として気持ちにゆとりがもてるようになるのです。

不適切な保育が発生する要因は様々ですが、その1つは保育者の心理的なゆとりがなくなることです。「なんで私の言うことを聞かないの！」と大声を出す前に子どもの発達に関する知識を学ぶ方が保育者としても成長し、不適切な保育を防止することにもなります。

発達の定義

　子どもは、それまでの体験をもとにして、環境に働きかけ、様々な環境との相互作用により発達していく。保育所保育指針においては、子どもの発達を、環境との相互作用を通して資質・能力が育まれていく過程としてとらえている。すなわち、ある時点で何かが「できる、できない」といったことで発達を見ようとする画一的な捉え方ではなく、それぞれの子どもの育ちゆく過程の全体を大切にしようとする考え方である。

＊下線は筆者による
出典：厚生労働省「保育所保育指針解説」

▶ 乳幼児期の子どもの特徴

　乳幼児期の子どもならではの特徴がいくつかあります。例えば、**発達の個人差が大きいことです**。4歳児クラスにいる子どもはみな発達過程が異なりますし、個人単位でも身体機能は4歳児並みに発達しているけれど言葉の発達はまだ十分ではないということもあります。また、**子どもは加減がわからないこともあります**。悪意はないのですが、加減がわからないことから相手が嫌がることを何度もしてしまうこともあります。さらに、**時に自分の気持ちや気分を制御できなかったり視野や考える範囲が狭くなったりして自己中心的な言動をすることもあります**。

▶ 同じ土俵に乗らないことが大事

　不適切な保育を防止するためには、子どもと同じ土俵に乗らないことが大事です。同じ土俵に乗らないとは、子どもを突き放すということでありません。別の言い方をすると、子どもの気持ちに寄り添うとは、子どもと同じ土俵に乗ることではありません。子どもの発達に関する知識や乳幼児期の子どもの特徴を理解したうえで対応すれば、不適切な保育につながりやすい売り言葉に買い言葉のような対応にならずに済むのです。

08 何でもイヤイヤ！ヤダヤダ！適切な対応とは？

子どものイヤイヤは保育者のイライラになることがあります。イライラせず適切な対応をするためには、子どものイヤイヤの背景を理解する必要があります。

▶ イヤイヤ期は自他の違いを理解し始めるとき

「子どもの発達に関する知識は保育者の心理的なゆとりになる」例を本節と次節で1つずつ取り上げます。本節ではイヤイヤ期を取り上げます。イヤイヤ期は2歳頃に始まります。子どもがイヤイヤ、ヤダヤダばかり言うので手がかかります。ですから、英語ではTerrible Two（魔の2歳児）と言います。

ですが、イヤイヤ期は子どもの発達上大事なときなのです。**イヤイヤ期は子どもが自分の気持ちや考えと他人の気持ちや考えはいつも同じとは限らないことに気がつくからこそ始まります。**母親が服を着させようとしても（母親の気持ち）、自分でやりたいと思う（自分の気持ち）ので、イヤイヤ、ヤダヤダと言うのです。つまり、イヤイヤ期は子どもが自分と他者の違いを理解し始めるときなのです。人間が社会で生きていくためには自他の違いを理解する必要があります。**イヤイヤ期を迎えるということは自他の違いを理解し始めた証拠であり、子どもが順調な発達をしているということでもあるのです。**

▶ 子どもも困っていることを理解する

自他の違いを理解し始めたとはいえ、この時期の子どもはまだ自分の気持ちを上手に調整することができません。おもちゃ売り場でひっくり返って泣いている2歳くらいの子どもを見たことはありませんか。おもちゃを買ってほしい気持ちと買ってもらえない現実の調整ができなくて泣いているのです。このように、イヤイヤ期の子どもは気持ちの調整が上手にできず泣いたり暴れたりすることもあります。**保育者にとっては手がかかるのですが、子どももまた困っているのです。**イヤイヤと言う子どもを無理やり抑え込むような不適切な保育は子どもをさらに困らせるだけなのです。

◻ イヤイヤ期は発達の証

子どもの頃

子どもの頃

自分にもイヤイヤ期があったことを忘れないこと！読者のみなさんにも
イヤイヤ期があったはずです。みなさんが泣いたり暴れたりした際に
保育者や保護者が適切な対応をしてくれたから今のみなさんがあることを
忘れてはいけません。

▶ イライラしても意味がない

　前ページで説明したように、イヤイヤ期の子どもの背景が理解できると保育は随分変わると思いませんか。子どもは自他の違いを理解し始め、さらに自分の気持ちを上手に調整できないのですから、保育者の言うことを何でもかんでも受け入れなくなります。**保育者の言う通りにならないのは子どもの発達上の問題であり、それゆえに子ども自身がどうこうできることではないのですから、子どもに対してイライラしたり、叱ったり、怒ったりしても何の意味もないことがわかるでしょう。**このような知識がない保育者は、なぜ子どもがこうも反抗的なのかと思ってしまい、不適切な保育をしてしまうのです。

▶「待つ、受け止める」の繰り返し

　イヤイヤ期の子どもに対する対応は、子どもを待つことと受け止めることを繰り返すことです。泣いたり暴れたりしてもいつかは止まります。子どもが怪我をしないように気をつけながら、子どもの気持ちが落ち着くのを待ちましょう。子どもが落ち着いたら、その気持ちを受け止めましょう。抱きしめたり言葉をかけたりするのもよいでしょう。子どもの気持ちを受け止めたというメッセージを保育者がしっかり出すことが大事です。

09 「死ね！」「ババア！」と子ども が言ったら、どうする？

イヤイヤ期の子どもの対応に続いて、本節では子どもが汚い言葉を使った際の対応について学びましょう。

▶ 汚い言葉は無視するのが一番！

「殺す」「おまえ」のような汚い言葉を子どもが大人に向かって使うことがあります。**子どもが汚い言葉を使ったときは無視するのが一番です**。場面や状況によって無視できないときは、「先生はそういう言葉は好きじゃないよ」「そんなことは言わない方がいいよ」と淡々と伝えましょう。「誰に向かって言ってるの！」「なんだと！」と決して感情的になって対応してはいけません。

なぜ無視するのがよいかというと、汚い言葉には何ら威力がないことを子どもに学習させるためです。「ババア」と言われた保育者がカッとなって感情的な対応をすると、子どもはこうした汚い言葉には威力があることを学んでしまいます。威力とは、この言葉には他者の感情を簡単に揺さぶる力があるということです。保育者が感情的になると子どもは言葉の威力を学びます。だから、こうした言葉を再び使います。すると保育者がまた感情的になるので子どもは言葉の威力を再確認し、ますます汚い言葉を使うようになります。まさに悪循環です。一方で、「ババア」と言われた保育者が平常心で無反応だと、子どもはこの言葉には威力がないことを学び、次第に使わなくなっていきます。

▶ 悪いのは汚い言葉を使う子ども？

そもそも、「殺す」「ババア」のような汚い言葉を子どもが使うのはどこかでこうした言葉を聞いて覚えたからです。ではどこで聞いたのかというと、テレビや大人の会話でしょう。**責めるべきは、汚い言葉を使った子どもではなく、こうした言葉を子どもが聞いてしまう環境を作った大人ではないでしょうか**。こう考えてみれば、汚い言葉を使った子どもに感情的になるというのはまったく見当違いであることがわかるはずです。

🔲 汚い言葉への対応と子どもの気持ち

▶ 子どもは汚い言葉の意味を理解していない

「殺す」「死ね」と子どもが言うとき、その意味を正しく理解しているのでしょうか。「殺す」「死ね」の意味を理解するためには、生死に対する理解が必要です。ですが乳幼児期の子どもは生死を大人のようには理解していません。つまり、**子どもが「殺す」「死ね」と言うときその意味を正しく理解していないのです**。だからこそ、こうした言葉を聞いた保育者がカッとなってはいけないのです。感情的になって対応すると、子どもは言葉の正しい意味を理解することもなく、単にその威力だけを学んでしまうからです。

▶ 子どもの言い間違いも無視する

「エレベーター」を「エベレーター」、「テレビ」を「テビリ」と言い間違いする子どももいます。このようなときも、**間違いを指摘して修正するのではなく無視する（間違いを指摘しない）ことが一番です**。話そう、言葉を使おうという子どもの意欲や気持ちを大事にするためです。どうしても気になるのなら言い間違いを修正されていると子どもが感じないように気をつけながら、子どもに返答する際に正しい言葉にするとよいでしょう。例えば、「テビリ見ていい？」に対して「うん、テレビ見ていいよ」のようにです。

子どもの問題行動の原因をきちんと見極める

子どもの問題行動は子どもに原因があるとは限りません。特に乳幼児期の子どもは家庭環境に大きな影響を受けますので家庭環境に原因があることもあります。

原因は子どもではなく保護者であることも

友だちに噛みついたり片づけができなかったりする子どもがいます。こうした子どもの問題行動の原因は子どもにあるとは限りません。乳幼児期の子どもは家庭環境（保護者）に大きな影響を受けます。そのため、**子どもではなく保護者に原因があることもあります。**

例えば、自分の気持ちを言葉で伝えるのではなく、友だちを叩いたり噛んだりすることで気持ちを伝えようとする子どもがいます。こうした子どもは自宅で保護者に叩かれることが常態化していることがあります。食事中にこぼしたら保護者から頭を軽く叩かれる。親の足を踏んだらまた叩かれる。また、片づけが苦手な子どももいます。こうした子どもの自宅は整理整頓されておらず、保護者も片づけには気を使っていないことがあります。

「子どもは大人の言うことは聞かないけれど、大人のやっていることは真似する」とはよく言ったものです。自宅では叩かれたり片づけをしなかったりすることが当然の環境であれば、園でも同じ行動をするようになります。なぜなら、子どもにとってはそれが日常であり当然のことだからです。

子どもを追い込むことになる

このように、子どもの問題行動の原因が子ども自身ではなく家庭環境（保護者）にあるのなら、子どもを叱っても何の意味もありません。それどころか害悪です。なぜなら、**問題行動の原因は保護者にあるにもかかわらず子どもを叱ってしまうと、子どもをますます追い込むことになるからです。**当然、子どもを叱るという見当違いの対応をしているので子どもの問題行動は何も解決しません。子どもの問題行動を表面的に理解して対応すると不適切な保育になりやすいです。どこに原因があるのかをきちんと見極めて対応する必要があります。

❑ 子どもの行動の背景を理解できないと……

やめなさい！

なんでこの子は
いつもトラブルを
起こすの

もしかしたら
この子のこと
苦手かもしれない

なぜ、その行動をしたのか、子どもの行動の原因が理解できないと……
→ 子どもに対して適切な対応ができない
→ 子どもをますます追い込むことになる

▶ 軽々な判断はしないこと

　子どもの問題行動が子どもの発達上の課題から生じている場合は特に慎重に対応する必要があります。子どもの発達過程を保護者と共有・連携して問題行動の解決に取り組むようにします。とはいえ、「この子はきっと〇〇障害だ」のような軽々な判断をしないようにしましょう。乳幼児期の子どもは個人差が大きいため発達上の課題の判断は難しいことがあります。**軽々な判断はそれ自体が子どもの尊厳を傷つける行為であり、不適切な保育です。**

▶ 保護者の気持ちを考えた対応をする

　「この子はきっと〇〇障害だと思います」というような判断を保護者に伝えたり保護者に対して専門機関の受診を安易に勧めたりすることもしてはいけません。こうした行為は保護者の怒りや反発を招き、園（保育者）と保護者との信頼関係を壊すことになります。保育の適否の分岐点の1つは保護者との信頼関係です。保護者との信頼関係を壊してしまえば、不適切な保育と判断される場面も増えてきます。発達上の課題がある子どもの保護者は悩み苦しんでいることがあります。だからこそ、**保護者の気持ちを考えたきめ細かな対応が必要です。**それが保護者との信頼関係を作り、不適切な保育を防止することにもなるのです。

11 「理解して、理解される」ことを常に意識する

「社会・保護者・子どもを知り自分を知れば百戦殆からず」。最後は保護者との信頼関係を作ることの大切さとその方法を学びます。

▶ 保護者を理解して、園（保育者）が理解される

　不適切な保育を防止するためには保護者と信頼関係を作ることが大事です。「あの先生なら大丈夫！」「あの先生がそう言うなら信用できる！」という園（保育者）に対する親の信頼感があるかないかで保育の適否は変わるからです。

　保護者との信頼関係を作る方法の1つが「保護者の立場から考えること」です。保護者の立場から考えるためには、まずは保護者の言動を正しいと仮定し、次にどのような論理や理屈、あるいは当然視すること（価値観や前提）があるとその言動になるかをあれこれ想像してみるのです。こうすることで保護者の考えや気持ちを理解できるようになります。「なんで理解してくれないんだ！」と保護者に怒りをぶつけるのではなく、保護者の立場から考えることが大事です。怒りは良い結果をもたらしません。**保護者からすると自分のことを理解してくれたので園（保育者）のことも理解しようという気持ちになります**。保護者に理解されてから、保育者が保護者を理解するのではありません。まさに、「理解して、理解される」のです。

▶ 見方を変えると味方が増える

　保護者の立場をあれこれ想像するということは自分の見方をあれこれ変える（第4章4を参照）ということでもあります。自分の見方をあれこれ変えていると、自分の「当然」に気づくだけでなく、保護者には保護者の論理があっての言動だということがわかってきます。**保護者の論理に納得できるかどうかはともかくとして、少なくとも保護者のことを理解できるようになります**。保護者のことを理解したうえで対応すれば、保護者も園（保育者）を信頼するようになります。保護者が味方になってくれるのです。**「見方を変えると味方が増**

◻️ 保護者との関わりで大事にしたい7つのポイント

【バイステックの7原則】

1 傾聴・受容・共感的理解
2 利用者・相談者のありのままの感情表出の促進
3 自らの感情のコントロール
4 一人ひとりの個別性の尊重
5 非審判的態度
6 利用者の自己決定の尊重
7 秘密保持

原則1は特に大事です。保護者の話を傾聴・受容することで共感につながります。保護者から理解されるためには、何より保護者に対する共感が欠かせません。共感なくして理解なしなのです。

出典：F.P. バイステック『ケースワークの原則［新訳改訂版］：援助関係を形成する技法』(誠信書房、2006 年)

える」 のです。こうして園（保育者）と保護者の信頼関係が作られ、不適切な保育の防止につながっていくのです。

▶ 親しみやすい先生より信頼される先生に

　保育者にとって最も大事なことは親しみやすさではなく信頼です。もちろん、親しみやすさと信頼の両方があればそれに越したことはありませんが、まずは信頼される保育者になることが最優先です。登降園時の対応や連絡帳でのやり取り等を丁寧に行うことで、保護者からの信頼を得ることができます。信頼貯金をたくさんもっている保育者になることが、不適切な保育を防止するために大事なことなのです。

▶ ときには割り切りも大事

　保護者からの信頼を得ることは難儀なことです。そもそも人と付き合うということそのものが難儀なことです。そのため、**保護者との関わりは仕事上の関係と割り切ることも大事です**。割り切るというのは心のこもっていない対応をするということではありません。保護者の相性や好き嫌いはいったん脇に置いて、保育をするうえで必要な信頼を得るための行動をするということです。**心理学者のフロイトは「成熟とは曖昧さを受け入れて生きる能力」と言いました**。保護者との関わりの中ですっきり、はっきりしないこともあるでしょうが、そうした曖昧さも割り切って受け入れてこそ保育者として成熟していくのです。

12 保護者から信頼される 話し方のカンドコロ

何を言っているのかわからない話し方では保護者からの信頼を得ることはできません。言いたいことが確実に伝わる話し方のカンドコロを押さえましょう。

▶ 「伝える」と「伝わる」の違いを理解する

不適切な保育を防止するためには保護者とのコミュニケーションは不可欠です。保護者とのコミュニケーションといっても、言いたいことを好きなように話せばよいのではありません。自分が言いたいことや伝えたいことが保護者にきちんと伝わるように話す必要があります。

ポイントは「伝わる」です。 コミュニケーションはお互いの言いたいことがきちんと伝わることで成立します。そのため、コミュニケーションがうまくいかないときは、「こんなに説明しているのになんでわかってくれないんだ！」と嘆く前に、「自分が言いたいことは保護者に伝わっているか？」と自問してみてください。言いたいことを伝えたか、ではなく、言いたいことは伝わっているかが大事なのです。こうした自問をせず、保護者を責める他罰的な考え方をしていては、保護者から信頼を得ることはできません。コミュニケーションを通して信頼関係が作られていくためには、伝えるだけでは不十分です。**「伝わる」コミュニケーションをすることが何より大事です。**

▶ 上手に話すことより、一生懸命に話すことを大事にする

では、どうすれば「伝わる」コミュニケーションになるのでしょうか。もちろん、そのためのカンドコロはいくつかありますが、**まずは自分が言いたいことが伝わるように一生懸命に話すことです。** 一生懸命に話そうとする姿勢は必ず保護者に伝わります。話し方のテクニックにばかりこだわって話しても、保護者の心には響きません。心を込めて、一生懸命に話す姿こそが園（保育者）と保護者の信頼関係を作るのです。**上手に話すことばかり意識しないで、まずは自分が言いたいことが伝わるように一生懸命に話しましょう。**

会話の中でよく使われるけれど、実は非礼な言葉

　「了解しました」「ご苦労様でした」「ご報告ありがとうございます」は会話の中でよく使われます。ですが、これらの言葉は上司が部下に使う上下関係を匂わす言葉です。保育者と保護者の間に上下関係はありません。一緒になって子どもの育ちを支える対等な関係です。ですから、「承知しました」「お疲れ様です」「ご連絡ありがとうございます」という上下関係を含まない言葉を使うようにしましょう。たかが言葉、されど言葉です。信頼関係は作るのにとても手間がかかるのに些細なことから壊れ始めるということを忘れてはいけません。

▶ 伝わる話し方のカンドコロ

　言いたいことが確実に伝わるようなコミュニケーションをするためのカンドコロが5つあります。

　第1に、**言いたいことをはっきりさせることです**。話し始める前に、自分は何を言いたいのかをはっきりさせておきましょう。

　第2に、**必要なことだけ話すことです**。コミュニケーションには「5W2H」（Who, What, Where, When, Why, How, How many）が大事と言われますが、「5W2H」を全部話せばよいのではありません。話の理解に必要なことだけを話すことが大事なのです。

　第3に、**テーマ別に1つずつ分けて話すことです**。あれもこれもとまとめて話すと保護者の理解が追いつきません。「まずは給食費の件ですが」「それから明日のプール活動の件ですが」のようにテーマが異なる話は1つずつ話すようにしましょう。

　第4に、**保護者の理解度を確認しながら話すことです**。「ここまでで何かご質問はありますか」のように、保護者の理解度を確認しつつ話を進めていくようにしましょう。

　第5に、**早口にならないように気をつけることです**。自分では気がつかないうちに早口になっていることがあります。保護者が理解できるようなペースで話すことが大事です。

13

保護者から信頼される
話の聞き方のカンドコロ

「話を聞くなんて簡単でしょ！」と思っていませんか？実は、保護者から
信頼を得る話の聞き方があるのです。それは……。

▶ わからないことはその場で質問する

　話の聞き方の中で特に大事なことは、わからないことや理解できないことはその場で話し手に質問するということです。 そんなことはいつもやっているよ！と思っていませんか。実は、意外とできていないのです。「こんなことを質問したら馬鹿にされるかな」、「もう一度説明を求めたら失礼かな」という気持ちが先に立ってしまって、話をきちんと理解するために必要な情報を質問したり確認したりしないまま話を聞いていることがよくあるのです。その結果、話し手と聞き手の理解は異なり、物事がうまく進まなくなるのです。

　こうしたミスコミュニケーションが続くと話し手が保護者であれば、「この先生はきちんと理解していなかったんだ」「この先生とはコミュニケーションがとれない」という残念な気持ちになり、園（保育者）に対する不信につながります。これでは、保護者との信頼関係を作ることはできません。コミュニケーションする過程でわからないことがあればその場で話し手に質問したり確認したりしましょう。話をきちんと理解することが保護者から信頼を得るために大事なことなのですから。

▶ 話の聞き方には人柄が表れる

　話の聞き方には人柄が表れます。 きちんと話を聞く姿勢がある人なのか、そうではないのかがわかるのです。きちんと話を聞くカンドコロを押さえていても、**「心ここにあらず」の姿勢は確実に話し手に伝わります。** 話を聞く際はきちんと聞く姿勢、聞く心がまえをもって聞くことが大事です。いまは忙しくて話を聞けないときは、その旨を話し手に伝え別の機会にコミュニケーションするように提案しましょう。いいかげんな話の聞き方をしていては保護者からの信頼を得ることはできません。話の聞き方には人柄が表れるのです。

❑ 話を聞くときのポイント

聞くときの体の向きに
注意する

「なるほど」「たしかに」で
返さない

保護者からの依頼事項は
その場で確認する

たしかに。

首だけこちらに向けて…
真剣に聞いているのかしら…

たしかに、としか言わ
ないけど本当に理解して
いるのかしら…

○○を
お願い
します。

わかりました。
○○ですね！

▶ 話の聞き方のカンドコロ

　前ページで説明した方法以外にも、保護者の信頼を得るような話の聞き方をするための
カンドコロがあります。紙幅の都合もあるので、ここでは2つ説明しましょう。

　1つは、**保護者から聞いた話を次のコミュニケーションに取り入れることです**。金曜日
の降園時に「土日は熱海に旅行に行くんですよ」と保護者から聞いたのなら、翌週の月曜日
の登園時に「土日の熱海旅行はどうでしたか？」と保護者に尋ねるのです。自分が話したこ
とを覚えていてくれたんだと保護者は嬉しくなります。些細なことなのですが、こうした些
細なことの積み上げが信頼につながるのです。

　もう1つは、**安請け合いをしないことです**。保護者からの依頼や相談に対してできるか
どうかわからないまま安請け合いをするのは、保護者から信頼を失う近道になります。園
（保育者）ができますといって引き受けたら保護者はその実現を期待します。にもかかわら
ずできなかったとなると、期待しただけに保護者の失望は大きくなります。保護者からの依
頼や相談に対してできるかどうかわからないことは「確認してからあらためてご連絡します
ね」「私ではわからないので園長に確認しますね」のように回答しましょう。安請け合いは信
頼を失う行為であることを忘れてはなりません。

14 保護者から信頼される文章の書き方のカンドコロ

文字は便利なコミュニケーションツールですが、誤解を招くこともあります。誤解を招かず、言いたいことが確実に伝わる文章の書き方を学びましょう。

▶ たった3行！保護者から信頼を得る連絡帳の書き方

連絡帳は「明日はタオルケットを持参してください」のような単なる事務連絡のツールではありません。保護者とコミュニケーションをとるためのツールです。連絡帳は基本的に毎日書くからこそ書き方が大事です。**連絡帳の書き方を工夫することで保護者と園（保育者）の信頼関係を作ることにつながるからです。**

では、どのように書くとよいのでしょうか。それは、**子どもの育ちをしっかり書くことです。**保護者は日に日に成長していく子どもの姿を見ることを嬉しく思うものです。また、園で子どもがどのような生活をしているかを知りたいものです。こうした保護者の気持ちを考えると、園での様々な活動を通して育っていく子どもの姿を連絡帳に書くとよいでしょう。

具体的には、**「①子どもの言動、②子どもの育ち、③保育者の感想」の3つの項目を書きます。①から③の順番でそれぞれ1行ずつ書き、全部で3行でまとめるとよいでしょう。**例えば、「ここちゃんはいま積み木に夢中です。何度も練習をすることで上手に積めるコツがわかってきたようです。一生懸命にがんばる姿がとても素敵ですね。」とか「ここちゃんはいま積み木に夢中です。少しずつ高く積めるようになってきたことに自信をもっているようです。一生懸命にがんばる姿がとても素敵ですね。」のように書きます。

このように**保育者が連絡帳に子どもの育ちを書くことで、保護者は園（保育者）が子どもの育ちをしっかり読み取り、支えてくれていることを理解していきます。**こうした理解がやがて園（保育者）への信頼につながっていきます。保護者からの信頼の有無は不適切な保育の分岐点の1つです。保護者の気持ちを考慮した連絡帳の書き方にすることで信頼貯金を増やしましょう。それが不適切な保育ではないかという保護者からの指摘を減らすことになるのですから。

前向きな言葉を使いましょう！

　連絡帳を書く際は前向きな言葉を使いましょう。前向きな言葉を使うことを意識すると保育も前向きになります。言葉と行動はつながっています。マザー・テレサの次の言葉からもそれがよくわかります。「思考に気をつけなさい、それはいつか言葉になるから。言葉に気をつけなさい、それはいつか行動になるから。行動に気をつけなさい、それはいつか習慣になるから。習慣に気をつけなさい、それはいつか性格になるから。性格に気をつけなさい、それはいつか運命になるから。」

▶ わかりやすい文章を書くことは信頼を得る近道

　前ページでは連絡帳の書き方を説明しましたが、連絡帳に限らずわかりやすい文章の書き方を身につけることは大事です。なぜなら、**わかりやすい文章を書くことは保護者からの信頼を得るために欠かせないからです**。忙しい保護者が保育者の書いた文章を読んだ際、理解できない、意味がわからないというのでは保護者の不満が募ります。これでは信頼を得ることはできません。

　そこで、**文章を書く際は保護者が一読一解、すなわち文章を一回読んだら一回で理解できるようにする必要があります**。そのためのカンドコロを以下に掲載しました。「文は人なり」とはよく言ったものです。保護者がすぐに、誤解せず理解できるような文章を書き、保護者からの信頼を得るようにしましょう。

- テーマ（何に関する文章か）と言いたいことを明確にする
- 1つの文では1つのことを伝える
- 主語と述語を近づけ、双方を対応させる
- 修飾語を減らす、短くする、なくす
- 大げさな表現、絵文字、「！」は頻繁に使わない
- 前向きな（肯定的な）言葉を使う

「当然」がもたらす悲劇？喜劇？

　保育や子どもに対して自分が何を当然だと思っているかを自覚することは、不適切な保育を防止するために大事なことです。ここでは自分の「当然」を自覚しなかったために悲劇？喜劇？を招いたエピソードを紹介しましょう。「当然」を問い直すことの大切さがよくわかるはずです。

　　訓練艦隊に属する2隻の戦艦が、悪天候の中、軍事演習のため数日間にわたり航海を続けていた。私は先頭を行く戦艦のブリッジで夕暮れを迎えた。視界が悪く断片的に霧がかかっていたため、艦長もブリッジに残り、状況を見守っていた。暗くなってから間もなく、ブリッジの見張りが次のように報告した。

　　「艦首の右舷側の進路に光が見えます」「停止しているのか、船尾の方向に動いているのか」と艦長。見張りの答えは、「停止しています、艦長」。つまり、その船はこちらの進路上にあり、衝突の危険があるということだった。艦長は信号を手に命じた。「その船に対し、信号を出せ。衝突の危険があるため、20度進路を変更せよ、と」。相手からの信号が返ってきた。

　　「そちらの方が20度進路を変えるよう助言する」。艦長は再び命令した。「信号を送れ。私は艦長だ。20度進路を変えるように」。すると、「こちらは2等水兵だ。そちらの方こそ20度進路を変えるように命令する」と返事が返ってきた。艦長は怒り出し、「信号を送れ。こちらは戦艦だ。20度進路を変えろ」と叫んだ。

　　点滅する光の信号が返ってきた。「こちらは灯台である」。我々は進路を変えた。

出典：スティーブン・R・コヴィー『7つの習慣－成功には原則があった！』（キングベアー出版・1996年）

楽しい！が何より大事

　子どもがキレイな言葉を身につけるためには、言葉による伝え合いや言葉を使うことを子どもが楽しめるようにすることが大事です。そのためには、保育者と子どもが何でも言い合えるよい関係、友だち同士で気軽に言葉をかわすことができる雰囲気、言葉にして伝えたくなるような体験が必要です。よい関係、雰囲気、体験がよい言葉の習得につながるのです。次の例はその好例です。

　例えば、保育士等が読み聞かせをした絵本の中に「こもれび」という言葉がある。遠足に行った時、皆で木立の間を散策していると、数名の子どもが木の下から空を見上げ、「わあ、きれい」「キラキラしてる」「まぶしいね」「目がチカチカする」などと話している。すると、一人の子どもが思い出したように「これ、こもれびだ」と言う。「ああ、こもれびね」「こもれびって、キラキラしてるね」と見上げながら会話が続く。近くに来た友達にも、「見て、こもれびだよ」と伝えて一緒に見る。地面に映ったこもれびを見付けると、「下もきれいだよ」「ほんとうだ」「あっちにもあるよ」などと気付いたことを伝え合いながら、散策が続いていく。　（保育所保育指針解説）

　汚い言葉を使う子どもが悪いのではありません。汚い言葉を聞く機会を与えた大人が悪いのです。この例のように、園ではよい関係、雰囲気、体験を通して子どもがキレイな言葉を身につけるようにしたいですね。

瓶にはどのような模様が写っている？

　英国のメディア「metro.co.uk」の記事（以下のQRコード）に掲載されている瓶の写真を見てください。どのような模様が写っていますか？

　瓶には男女が抱き合っている模様が写っていると回答する方が多いのではないでしょうか。その通りです。ですが、この瓶を子どもに見せるとこう答えます。「イルカがたくさんいる！」。みなさんは瓶の模様にイルカを見つけることはできましたか。

　先ほどセブンイレブンのロゴやゴリラの登場を使った実験をしました。人間は1つのことに気が向くと他のことに気が向きにくくなると説明しましたが、この瓶の例も同様です。男女が抱き合っていると思うと、イルカがいるという他の見方ができなくなります。事程左様に人間の認知（認識）力は脆弱なのです。だからこそ、様々な角度から物事を見るためには多面的に物事を見ることを強く意識しなければならないのです。

今一度確認しよう！子どもの発達に関する知識の大切さ

本文では、不適切な保育を防止するために子どもの発達に関する知識をもつことの大切さを説明しました。ここでは、別の角度から説明してみましょう。次のエピソードを読んでください。

> ある男の人が自慢の愛車ポルシェでいつもの峠道を気持ちよく上りながらドライブしていると、見通しのきかないカーブで反対側から女の人の運転する車が蛇行しながら降りてきて、今にも自分の車にぶつかりそうになった。
>
> すれ違いざまに女の人は「ブタ」と大声で叫んだので、こちらも頭に来て「ブス」とののしり返した。少しはすーっとしてカーブを曲がったら…。
>
> そこにいたブタにぶつかったのです。
>
> 男の人はへたくそな女の人にののしられたとばかり思い、向こうが悪いのに何でそんなことを言われないといけないのかと思い、ブタとののしられたのでブスとやり返したわけです。しかし、実際には女の人は自分が危ない目に遭いながらも、相手に教えてあげようと思い、親切で「ブタ」といってくれたのです。

出典：ジョエル・バーカー『パラダイムの魔力』（日経BP・1995年）

みなさんに考えてほしいことは、もし男の人がカーブの先にブタがいることを知っていて女の人から「ブタ」と言われたらののしられたと勘違いしただろうかということです。おそらく勘違いしなかったでしょう。

このエピソードは子どもの発達に関する知識をもつことの大切さを教えてくれます。自分が進む先にブタがいることがわかっていれば、いま自分が聞いた「ブタ」という言葉はブタを指す（ののしるための言葉ではない）と適切な判断ができるように、子どもがこの先どのような発達過程を経ていくかという発達の知識があれば、子どものいまの言動を適切に解釈できるのです。保育者にとって子どもの発達に関する知識はとても大事なのです。

アイスクリームを落とした2人の女児の結末

　筆者がプールに娘を連れて行ったときの話です。プールサイドにはアイスクリームが売っていました。その日はとても暑かったこともあり、多くの子どもや大人が並んでいました。

　すると、アイスクリームを買ってもらった年長くらいの女の子が小走りを始めました。目線はアイスクリームに向けられ、早く食べたいという子どもの気持ちがにじみ出ていることが見て取れました。しかし、女の子が走っていたところは傾斜がやや急で、しかもプールサイドなので床は水で濡れていました。ここを子どもが走ると危ないなと筆者は思っていました。筆者がそう思った次の瞬間、女の子は派手に転倒し、アイスクリームは床に落下してしまいました。この様子を見ていた女の子の保護者と思われる大人が駆け寄ってきました。その大人は女の子に「何やってんの！アイスクリーム、ぐちゃぐちゃになったじゃないの！」と大きな声で言いました。その直後のことです。その大人は女の子の頭を叩きました。転倒した痛みやアイスクリームがぐちゃぐちゃになってしまったこと、そして保護者と思われる大人に頭を叩かれたことが相まって女の子はひどく泣いていました。

　さて、まるでコントのような出来事が起きました。女の子が転倒してしばらくすると、また別の女の子がアイスクリームをもって小走りしてきました。すると、先ほどの女の子が転倒したところで女の子が転倒したのです。女の子の保護者は駆け寄り、「大丈夫？怪我していない？」と女の子に言いました。先ほどの女の子と同じように、転倒した痛みに加えてアイスクリームが食べられなくなったことが悲しくて女の子は泣いてしまいました。ですが、保護者は「怪我をしなくてよかった。アイスクリームはもう一つ買えばいいよ。でも、次は走らないように気をつけないとね」と泣いている女の子に諭すように伝えました。

　このような例はみなさんも見たことがあるのではないでしょうか。何もプールサイドに限らず、ショッピングモールや電車の中でも保護者と思われる大人が子どもに「おまえさー」「って言ってんだろ」「ふざけんなよ」のような汚い言葉を使っている様子を見聞きすることがあります。本文でも説明したように、子どもは大人の言動を模倣します。家庭の中で失敗したときに気持ちに寄り添ってもらえなかったり叩かれたりすれば、園でも友だちが失敗したときに友だちをとがめたり叩くようになります。自宅で保護者から汚い言葉を使われていれば、園でも友だちや保育者に汚い言葉を使うようになります。これは、子どもが悪いのではなく大人が悪いのです。学ぶとは真似をすることです。子どもは学んでいく中で大人（保護者）の真似をしただけなのです。だからこそ、子どもが問題行動を起こした際に子ども自身に原因があると思い込み、子どもを責め、子どもにイライラし、挙句の果てには不適切な保育をする（になってしまう）というのは愚の骨頂としかいいようがないのです。なぜなら、そのようなことをすれば、自宅では保護者から、園では保育者から子どもは適切な言動を学ぶことができない状態に（そして精神的にも）追い込まれることになるからです。

保育者が保護者の言動を変えることは簡単ではありません。ましてや日頃から子どもを叩いたり子どもに汚い言葉を使ったりしている保護者であればなおのことです。ですが、一つはっきり言えることは、子どもの問題行動の背景には本人ではなく保護者の好ましくない言動の影響がある可能性を常に考えておくことが大事だということです。それが、不適切な保育を防止し、子どもを守ることになるからです。

不適切な保育を防ぐために保育者がすべきこと

第 **5** 章

不適切な保育を
防ぐために
園がすべきこと

01 不適切な保育はどの園、どの保育者にも起こりえる

残念ながら不適切な保育はどの園、どの保育者にも起こりえます。なぜなら、人間がもつバイアスが不適切な保育の発生と関わっているからです。

▶ 人間は内向き・下向き・後ろ向きになりやすい

不適切な保育はどの園、どの保育者にも起こりえます。それも、意外と簡単に起こるのです。こう言うと、「そんなことはない！」「私はしっかり保育をしている！」という声が上がりそうですが、残念ながら不適切な保育が簡単に起こりえるというのは事実です。ポイントは第4章6ページで説明したバイアスです。**このバイアスが不適切な保育につながりやすい内向き、下向き、後ろ向きな姿勢を生むのです。**

まず、内向きです。確証バイアスやハロー効果によっていつの間にか幅広い視野で物事を見たり考えたりすることができなくなります。こうして内向きな姿勢が形成されます。

次に、下向きです。現在バイアスによって不適切な保育を防止する仕組みを作ったり研修に参加したりするよりもいま目の前の保育を優先してしまいます。かくして不適切な保育の防止や保育の質向上は後回しになるという下向きな姿勢が生み出されます。

最後に、後ろ向きです。現状維持バイアスによって今まで何も問題は起こらなかったのだから今のままで問題ないと判断してしまいます。実際は今まで問題が起こらなかったことは今後も問題が起こらないことを意味しませんが、こうして後ろ向きな姿勢が作られます。

内向き、下向き、後ろ向きな姿勢がそろうと園（保育者）はあっという間に閉鎖的になります。カリフラワーの虫になってしまうのです。閉鎖的な環境は不適切な保育を起こしやすくします。なぜなら、内向き、下向き、後ろ向きな姿勢は社会・時代の風潮を読むことも、保護者や子どもの意向を理解することも、そして自分自身を問い直すことをも遠ざける力があるからです。

では、どうすればよいのでしょうか。内向き、下向き、後ろ向きな姿勢にならないために大事にしたい4つのポイントを次節以降で説明します。

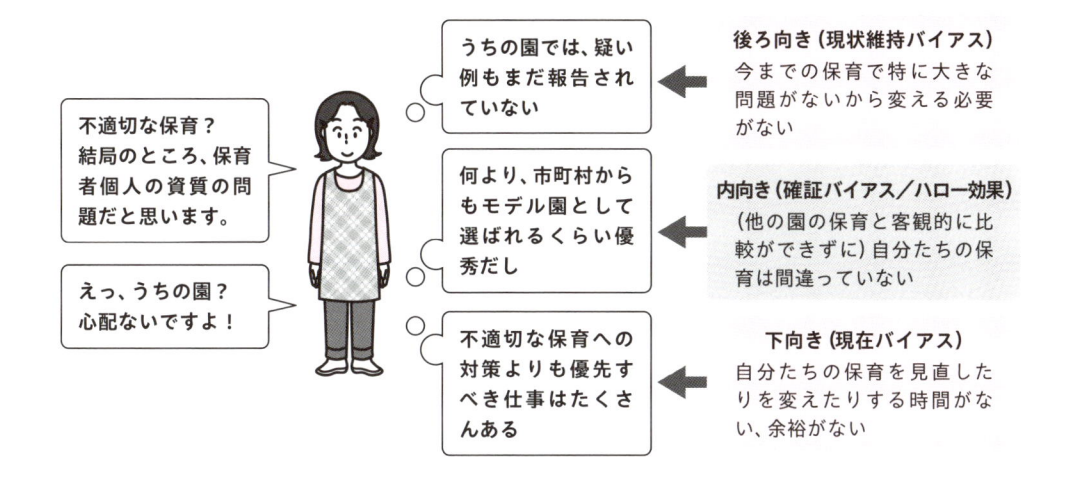

地位が大事な情報を遠ざける

あなたが園内で地位ある立場の方であるのなら、自分のもとに大事な情報は届きにくくなっていることを自覚する必要があります。特に、大事な情報ではあるものの、あなたにとって耳障りの悪いと思われる情報はいっそう届きにくくなります。ここにあなたの確証バイアスが加わると事態はいっそう悪くなります。園内で立場があるからこそ、後に説明するような雑相型リーダーシップを発揮して情報が届きやすい雰囲気や仕組みを作っておく必要があるのです。

自分にあてはめて考えることが大事

前ページでは内向き、下向き、後ろ向きの３つの姿勢と様々なバイアスの関係を説明しました。**不適切な保育を防止するためにはこうした知識を読んで終わりにするのではなく、自分（の園）にあてはめて考えてみることが何より大事です**。自分事化するといってもよいでしょう。「自分（の園）にあてはまるものはないか？」と思考実験してみるのです（第７章ワーク２を参照）。読んで終わりにするのでは知識は身につきません。学んだ知識を自分にあてはめ、あれこれと考えてみる。こうした思考実験があってはじめて知識は身につくのです。

02 学習し対話し、外部の視点に触れる機会を大事にする

内向き、下向き、後ろ向きな姿勢防止のポイントその1は、自分の視点や考え方を相対化する機会を大事にすることです。その方法は3つあります。

▶ 自分を相対化する機会を大事にする

内向き、下向き、後ろ向きな姿勢によって園（保育者）が閉鎖的になってしまうと不適切な保育が起こりやすくなります。そうならないためには、**自分のものの見方や考え方を相対化する機会が大事です**。相対化とは、自分の意見や考え方と他者の意見や考え方の共通点や相違点を比べ、自分自身を問い直すことです。ここでは、自分を相対化するために役立つ3つの機会を説明します。

▶ 学習・対話・外部の視点

第1に、**学習**です。法令や通知を読むことの大切さはすでに説明しましたが、読書もまた大事です。読書によって知識を学ぶことで自分とは異なる考え方を知ることができます。アラン・ブルームという学者は「教養とは他の見方が存在しうることを知ること」と言いました。学習による知識の獲得は自分を相対化しやすくする方法なのです。

第2に、**対話**です。同僚保育者や外部の専門家と対話することで自分が知らなかった様々な視点・方法・考え方を知ることができます。さらに、対話での意見・結論・判断の違いを通して自分が無意識のうちに当然だと思っていたこと、すなわち思い込みがわかります。対話も読書と同様に自分を相対化しやすくする方法です。

第3に、**外部の視点**です。外部の視点は、新人保育者、園内外の研修会の講師、外部研修会で同じグループになった他園の保育者等様々にあります。特に、新人保育者がもたらす視点は大事です。**「新しい視点は若者、よそ者、ばか者からもたらされる」**とはよく言ったものです。新人保育者は若者でありよそ者です。新人保育者は園の文化や仕組みに染まっていませんから、新人保育者が示す違和感を知ることは自分を相対化することにつながります。

> **ポイント**
>
> ## 保育者同士の対話には2つの効果がある
>
> 保育者同士の対話には2つの効果があります。1つは、意見が一致するときは、お互いに仲良くなるチャンスになります。人間関係がよくなれば園の雰囲気もよくなり、チーム力もアップします。もう1つは、意見が一致しないときは、自分を見つめ直すチャンスになります。視野が広がり、考え方が変わり、保育者としての成長につながります。保育者同士の対話は意見が合っても合わなくても、どちらにもよい効果があるのです。

▶ 違和感・驚きの感情を大事にする

「憲法改正に反対である！」「夫婦別姓は賛成である！」。ここでこのような話が突然始まったらみなさんはどう思いますか。おそらく、違和感をもったり驚いたりするのではないでしょうか。では、なぜそのような感情が生じるのでしょうか。本書は不適切な保育を防止する考え方や方法を説明する本であり、当然のことながら不適切な保育の防止には憲法や夫婦別姓の話は関係ないと思っているからではないでしょうか。

学習、対話、外部の視点のいずれの機会でも、違和感や驚きの感情が生じたときが大事です。なぜなら、違和感や驚きの感情は自分が当然だと思っていたことや自分の考え方と目の前の出来事が違うために発生するからです。つまり、こうした感情が発生したときは自分を相対化する絶好のチャンスなのです。

違和感や驚きの感情が発生した際は、話し相手や著者に対して文句や非難を投げかけるのではもったいないのです。そうではなく、**「なぜ自分はこの著者の意見に違和感をもつのだろう」「なぜこの話に驚いたのだろう」と自分を問い直すようにしましょう**。それが自分を相対化することになり、その結果として内向き、下向き、後ろ向きな姿勢を遠ざけることになるのです。

03 保育者の業務負担を軽減する仕組みを取り入れる

内向き、下向き、後ろ向きな姿勢防止のポイントその2は、保育者の働き方改革です。保育者のゆとりが不適切な保育防止につながります。

▶ 心理的ゆとりと物理的なゆとりが大事！

保育者にゆとりがなくなると不適切な保育が起こりやすくなります。ゆとりがなくなると、イラ・ム・カットが起こりやすくなるからです。まさに、貧すれば鈍するです。保育者のゆとりには心理的なゆとりと物理的なゆとりがあります。心理的なゆとりについては（第4章7を参照）、子どもの発達に関する知識は保育者に心理的なゆとりを与えると説明しました。ここでは、物理的なゆとりについて説明します。

▶ 保育者の業務負担の軽減を！

保育者が作成すべき書類の見直しやICTの導入等は保育者の業務負担の軽減になり、保育者に物理的なゆとりを与えます。こども家庭庁は「昨年来の保育所等における不適切事案を踏まえた今後の対策について」という通知を出しました（142ページ巻末付録を参照）。この中で不適切な保育防止のためには保育者の負担軽減が大事であると示されています。具体的には、「指導計画の作成」「児童の記録に関する書類等の見直し」「働き方の見直し、業務内容の改善」の3つが挙げられています。指導案の作成では、長期的な計画と短期的な計画が必要ではあるものの、年・期・月・週・日単位の計画を個別に作成する必要はないことが示されています。また、書くべき事項が重複している複数の書類は統廃合することも示されています。**国際的な調査でも、日本の保育者は書類作成や持ち帰り仕事の負担が大きいことがわかっています。**園内の書類や保育者一人あたりの仕事量を見直す必要があります。

なお、「保育分野の業務負担軽減・業務の再構築のためのガイドライン」という通知もあります（142ページ巻末付録を参照）。一読して、園や保育に導入できることは導入し、保育者の負担軽減につなげましょう。

無駄な業務を効率化しても意味はない

保育のICT化が進んでいます。ですが、ここには落とし穴があります。**無駄な業務をICT化して効率化・最速化しても意味・価値はないということです**。単なる事務連絡のためにはがきを使い、その書き方を効率化しようと言っているようなものです。現代社会では単なる事務連絡はメールやラインで行えばよいのです。ICT化ありきではなく、本文で説明したように、まずはすべきことや業務の全体像を明らかにし、続いてECRSの視点から見直すことが大事です。

▶ まずは現状をきちんと把握する

保育者の業務を見直すためには、まずは現状を明らかにする必要があります。いま作成している書類を全部出したり、一日の業務の流れを書き出したりすることから始めましょう。業務の流れを書き出す際は、横軸に出勤から退勤までの時間を10分から30分間隔で書き、その下に保育者が行っている活動を書くとよいでしょう。これをフロー分析と言います。

▶ ECRSを使いこなす

こうして書類や活動が詳らかになったら、次はECRSの視点から書類と業務を見直します。ECRSとはEliminate（やめる）、Combine（まとめる）、Rearrange（順序を入れ替える）、Simplify（簡単にする）の頭文字をとった言葉です。特に大事な視点が「やめる」です。これまでやっていたことを「やめる」と改善のインパクトが大きいため、保育者も負担軽減を実感しやすくなります。**何より、「やめる」ためには発想の大転換と勇気が必要になりますので、園（保育者）のものの見方や考え方、価値観の抜本的な見直しになります**。その業務は誰にとって何の価値があるのか、価値があるとしてもその業務にコスパやタイパは見合うのかを考えながらECRSを使うと保育者の業務負担の軽減につながります。

5

不適切な保育を防ぐために園がすべきこと

04 雑相型リーダーシップで園の雰囲気や人間関係をよくする

内向き、下向き、後ろ向きな姿勢防止のポイントその3は、雑相型リーダーシップです。雑相型リーダーシップとは？その特長とは？

▶ 雑相とは？

報連相という言葉があります。報告、連絡、相談の頭文字をとった言葉です。報連相は仕事をするうえで欠かせません。では、**雑相とは何かというと、雑談と相談の頭文字をとった言葉です**。雑談しつつ相談を、相談しつつ雑談をすることです。雑談と相談をブレンドしたような行為です。実は、この雑相こそが不適切な保育を防止するのに役立つのです。

▶ 雑相が作るいい感じの雰囲気や人間関係

なぜ雑相が不適切な保育の防止に役立つのかというと、雑相することで職場の雰囲気や保育者の人間関係がよくなるからです。職場の雰囲気や保育者の人間関係がよい園では不適切な保育はまず起こりません。だから、雑相が役立つのです。

これまで仕事では報連相が大事と言われてきました。その通りです。ですが、**報連相だけでは不適切な保育を防止できません**。報連相をするとなると身構えてしまいますが、雑談と相談なら気軽にできます。この気軽さが大事なのです。「いつでも、ちょっとした小話ができる相手がいる」という安心感がいい感じの雰囲気や人間関係を作るのです。

この他にも雑相が不適切な保育の防止に役立つ理由は様々あります。例えば、雑相でよい雰囲気や人間関係ができると、チームワークの積極性、生産性、創造性がアップします。これらはよりよい保育をするために欠かせない要素です。また、気軽に話せる雰囲気があるとネガティブな情報も報告・共有しやすくなります。

このように、雑相は報連相にはないよさがあります。報連相だけではなく、雑談と相談のブレンドである雑相を園の中に取り入れましょう。それが不適切な保育を防止することにつながるからです。

ポイント

雑相型リーダーシップと報連相型リーダーシップの
両利きのリーダーシップを！

　雑相型リーダーシップは動的なリーダーシップです。園長や主任のようなリーダーが自分から話しかけるからです。一方、報連相型リーダーシップは静的なリーダーシップです。リーダーは報連相を受けることが多いからです。「待ち」のリーダーシップと言ってもよいでしょう。仕事では雑相も報連相もどちらも大事です。これまでの園（保育）では報連相ばかり大事にされてきたのではないでしょうか。ですが、不適切な保育を防止し、よりよい保育をするためには報連相型リーダーシップだけではなく雑相型リーダーシップも必要です。すなわち、両利きのリーダーシップがリーダーには求められるのです。

雑相しているという事実が何より大事

　雑相に方法論はありません。何を、どう話してもかまいません。**雑相しているという事実が何より大事なのです**。たわいもない話をしているという事実が積み上がって、気軽に話をできる雰囲気や人間関係ができるのです。大事なことは園で、保育者同士でどんどん雑相することです。

雑相型リーダーシップを発揮する

　雑相を園に根付かせるためには園長や主任のような立場のある保育者のリーダーシップが必要です。園長や主任が自分から積極的に職員に話しかけましょう。そうすることで、職員は雑相が認められ推奨されている園であることを理解し、次第に職員自身も雑相するようになります。雑相する職員が増えるほど、雑相は園文化になっていきます。

　ピーター・ドラッカーは「Culture eats strategy for breakfast.」、すなわち「文化は戦略に勝る」と言いました。小手先の方法より文化の力は強いのです。お手軽な会話術やコミュニケーション法に飛びつくのではなく、地道に雑相を繰り返し、雑相を園文化にしましょう。雑相が園文化になれば不適切な保育を防止する確率はぐっと高まるのですから。

05 根拠を探ったり数字を使ったりして、客観的に考える癖をつける

内向き、下向き、後ろ向きな姿勢防止の最後のポイントは、客観的に考える癖をつけることです。ここでは客観的に考えるための方法を学びましょう。

▶ 勘や経験だけではなく、根拠や数字を探る！

内向き、下向き、後ろ向きな姿勢にならないためには、客観的に考えることが大事です。**客観的に考えるとは、勘や経験だけに頼るのではなく、自分の意見や判断の根拠を探したり数字を使って裏取りしたりして考えることです**。そんなことはいつもしている！と思っていませんか。そう思った方は第4章6を読み直してください。人間は確証バイアスや同調性バイアスに囚われやすいのです。こうしたバイアスが働くと、根拠や数字を確認しないまま決断したり行動したりしやすくなります。だからこそ、判断や行動する前に「こう考える（行動する）のはなぜだろう」と自問し根拠や数字を確認することを強く意識する必要があるのです。

▶ 「ヘンダネとズレーテル」を大事にする

根拠や数字を探る方法は様々です。ここでは2者間比較について説明します。**2者間比較とは、保育者と保護者のように異なる2つの対象を比べるということです**。特に、異なる2者を対象に同一の質問項目で調査・比較すると2者の共通点や相違点がより鮮明になります。

比較をする際のポイントは2者の違いはどこにあるか、違和感や意外感がある箇所はないかを考えることです。**2者間の違和感や意外感を探すことを筆者は「ヘンダネとズレーテル」を探すと言っています**。「ヘンゼルとグレーテル」をもじった表現です。「ヘンダネとズレーテル」の箇所には改善すべきことや問題が起こる予兆を読み取れることがあるので、特に大事にしましょう。不適切な保育に関して言えば、保育者と保護者を対象に同一の質問項目で調査・比較すると、園（保育者）の意見と保護者の意見の「ヘンダネとズレーテル」を発見できます。それは不適切な保育の予兆を示しているのかもしれません。

ポイント

保育×統計学を組み合わせる

　統計学というと難しそうに聞こえますが、統計学は不適切な保育を防止するために役立ちます。みなさんの園ではクリスマス会や発表会を行っているでしょう。では、こうした会に参加した保護者は一体何に満足しているのでしょうか。室内の装飾？子どもの発表？会の開催日？会の時間？その答えは統計学を使えばわかります。筆者が執筆した『保育者のための統計学入門』（萌文書林・2023年）に詳細がまとめてありますので、ぜひ読んでみてください。統計学を使うことで、不適切な保育を防止し、保育の質向上ができることがわかるはずです。

▶ 仮説と検証を意識する

　根拠を探したり数字を使ったりする際に大事なことは、正解を探そうとしないことです。保育に正解はありません（正解は1つではありません）。だからこそ、**仮説と検証という考え方が大事になります**。仮説と検証という考え方は科学者の基本的な思考様式ですが、保育者にとっても大切です。

　例えば、遊んでいる最中に友だちを噛んでしまうことが多い子どもがいたとします。噛んではいけないことを何回伝えても噛んでしまう。このようなときこそ、カッとなって声を張り上げるのではなく、仮説と検証という考え方を使うのです。なぜ噛んでしまうのだろう、なぜ言葉で伝えないのだろうと、子どもが噛んでしまう原因をあれこれ考えます。これが仮説を立てるということです。次に、その仮説が正しいかどうか、子どもの様子を見たり保護者から聞き取りしたりして確認します。これが仮説の検証です。こうした仮説と検証を繰り返すことで、子どもが噛んでしまう原因を探し当てるのです。そして明らかになった原因に対して解決策を講じることで問題を確実に解決することができます。

　仮説と検証は自分自身を冷静にする効果もあります。感情的な言動は不適切な保育になりやすいです。仮説と検証は不適切な保育を防止するのにも役立つのです。

> コラム

あんこう鍋がもたらすよい人間関係

　私はいつも授業開始10分程度前には教室に到着し、前列に座っている学生に声をかけています。話の内容は授業に関することではなく、「学食の新メニュー、食べた？」のような本当にどうでもよい内容です。また、顔見知りの学生と廊下ですれ違うと私から声をかけます。さらに、私の授業では講義資料（いわゆるプリント）は紙媒体ではなくオンラインで配信しています。配信する際に授業と関係のないことを書くことがあります。次の写真は第11回の講義資料の配信時のスクリーンショットです。

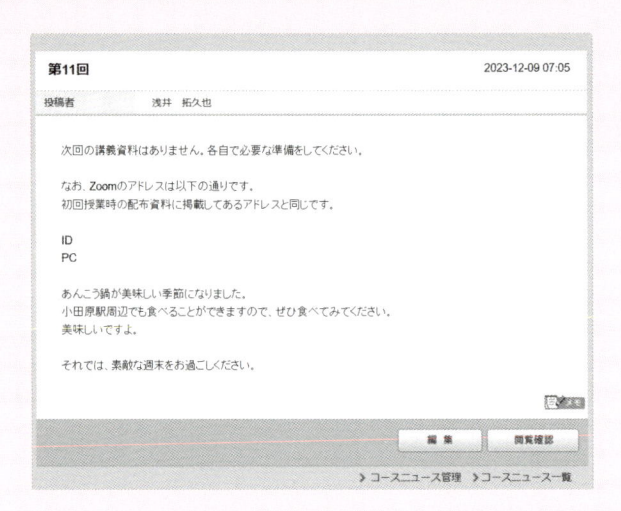

　この配信では講義資料はないことやZoomのアドレスだけではなく、あんこう鍋についても書きました。なぜって？まったく理由はありません。単に私があんこう鍋を好きだからです。もちろん、あんこう鍋は授業に関係ありません。ですが、この配信がきっかけとなり、「先生、私、小田原に住んでいるのだけど、あんこう鍋を食べるならどこがおススメ？」と教室で数名の学生から声がかかりました。当然、教員である私と学生が話をしている姿は他の学生も見ているでしょう。

　雑相型リーダーシップは決して難しくありません。自分から動くだけなのです。園長や主任の立場にある保育者はぜひ雑相型リーダーシップを発揮して、園内の雰囲気をよくしましょう。それが不適切な保育を防止することにつながるのですから。

子どもは仮説と検証の天才！

　仮説と検証という考え方は不適切な保育の防止に役立つと説明しました。読者の中には仮説と検証は難しそうと感じた方もいるかもしれません。ですが、仮説と検証は子どもも使っている考え方なのです。子どもは毎日、様々な場面で仮説と検証をしているのです。次の例のようなシーンはみなさんもよく目にしているのではないでしょうか。

　　たくや　「泥だんご、作ってもすぐに壊れちゃんだ…」
　　みなみ　「もっとぎゅって握ってみたらどう？」
　　たくや　「こう？うーん、やっぱり壊れちゃう…」
　　かのん　「土がダメなんだよー！この茶色い土でやってみて！」
　　たくや　「こうかな？もー！さっきより壊れやすくなっちゃったよ！」
　　ゆうま　「ねえねえ、水が多いんじゃないの？」
　　たくや　「水を少なめにして…。あっ！固まったよ！」
　　ゆうま　「でしょ！やっぱ、水が大事なんだよ！」
　　あいり先生　「みんな楽しそうだね！」

　この例では、子どもたちが泥だんごを上手に作るために試行錯誤しています。まさに仮説と検証そのものです。子どもたちの仮説と検証とその結果は下の図のようにまとめることができます。

仮説	検証	検証結果
1　きちんと握れていない	1　きちんと握る	×
2　土質がよくない	2　土を変える	×
3　水分が多い	3　水の量を減らす	○

　仮説と検証は難しいことではありません。子どもも毎日、様々な場面で繰り返し行っていることです。日々の保育の中で仮説と検証を意識して行うようにしましょう。仮説と検証を繰り返すことで「仮説と検証」思考が身につきます。こうした思考をもつことが不適切な保育を防止することになっていくのです。

人間は「足し算」したがる生き物！

　保育者の業務負担軽減のためにECRS、特に「やめる」(E) が大事だと説明しました。何かをやめるのは「引き算」思考ですが、実は人間は「足し算」思考が強いことがわかっています。

　次のレゴブロックを見てください。屋根 (Roof) はたった1つのレゴで支えられています。それも中央ではなく四隅の1つにあるので屋根はとても不安定です。このままでは屋根が崩れて手前にいる人形を押しつぶしてしまいます。では、どうすれば屋根を安定させることができるでしょうか。レゴを1つ追加するたびに10セント（約15円）かかるとします。みなさんならどうしますか？この実験ではほとんどの被験者が屋根の下にレゴを追加することで安定させようとしたそうです。しかしよく考えてみると、より簡単でより安価な解決策は、四隅の1つにあるレゴを取り除き、屋根を台の上に直接置くことです。

　この実験からわかることは、人間はいつの間にか「足し算」思考をしがちということです。業務負担を考える際も、業務そのものを見直さないままICT化することがあります。無駄なことを効率化しても意味がないのですが、これも「足し算」思考の結果です。まず業務そのものを見直すという「引き算」思考ではなく、ICT化する（アプリやシステムを導入する）という「足し算」思考になっているのです。

　こうした人間の特性を踏まえると、本文で説明したように、まずは現状をきちんと把握することが大事です。そのうえで、ECRS、中でも「やめる」という視点から現状を見直すようにすることです。こうしたプロセスを経ることで「足し算」思考に陥ることを防止できます。

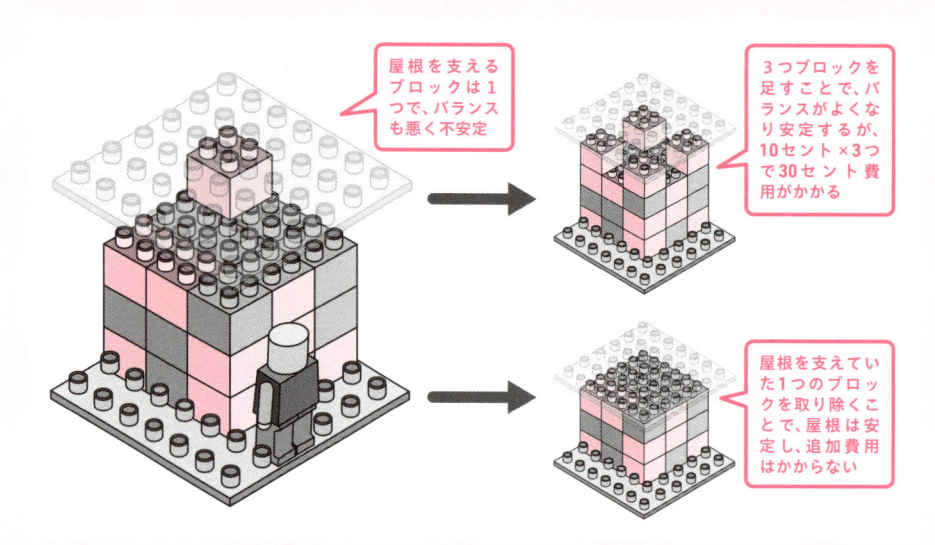

屋根を支えるブロックは1つで、バランスも悪く不安定

3つブロックを足すことで、バランスがよくなり安定するが、10セント×3つで30セント費用がかかる

屋根を支えていた1つのブロックを取り除くことで、屋根は安定し、追加費用はかからない

出典：Meyvis, T. and Yoon, H. (2021). Adding is favoured over subtracting in problem solving. Nature 592, 189-190. より作成

第 **6** 章

不適切な保育が起こったときの対応と再発予防

01 不適切な保育を発見した際は、通告する義務がある

不適切な保育を発見したらどうすればよいのでしょうか。まずは児童福祉法等の基本的な法令にどのように示されているか学びましょう。

▶ 虐待を通告するのは国民の義務

「児童福祉法第25条」には「要保護児童を発見した者は、これを市町村、都道府県の設置する福祉事務所若しくは児童相談所又は児童委員を介して市町村、都道府県の設置する福祉事務所若しくは児童相談所に通告しなければならない。」と示されています。**虐待を受けている子どもを発見した際は然るべき機関に通告することが国民に義務づけられているのです**。また、「児童虐待の防止等に関する法律第6条（児童虐待に係る通告）」には「児童虐待を受けたと思われる児童を発見した者は、速やかに、これを市町村、都道府県の設置する福祉事務所若しくは児童相談所又は児童委員を介して市町村、都道府県の設置する福祉事務所若しくは児童相談所に通告しなければならない。」と示されています。ポイントは「思われる」です。**虐待を受けているかどうか確信がもてないからといって通告しないままでいると事態がいっそう悪化します**。そのため、平成16年に「虐待を受けた児童」から「児童虐待を受けたと思われる児童」に改正されました。

▶ 保育者は不適切な保育を早期発見する義務もある

「児童虐待防止法第5条」には「学校、児童福祉施設、病院、都道府県警察、女性相談支援センター、教育委員会、配偶者暴力相談支援センターその他児童の福祉に業務上関係のある団体及び学校の教職員、児童福祉施設の職員、医師、歯科医師、保健師、助産師、看護師、弁護士、警察官、女性相談支援員その他児童の福祉に職務上関係のある者は、児童虐待を発見しやすい立場にあることを自覚し、児童虐待の早期発見に努めなければならない。」と示されています。**保育者は不適切な保育を早期発見する努力義務があります**。子どもや保護者の様子を注視して、不適切な保育を早期発見する必要があります。

◘ 保育所等、市町村及び都道府県における対応のフローチャート

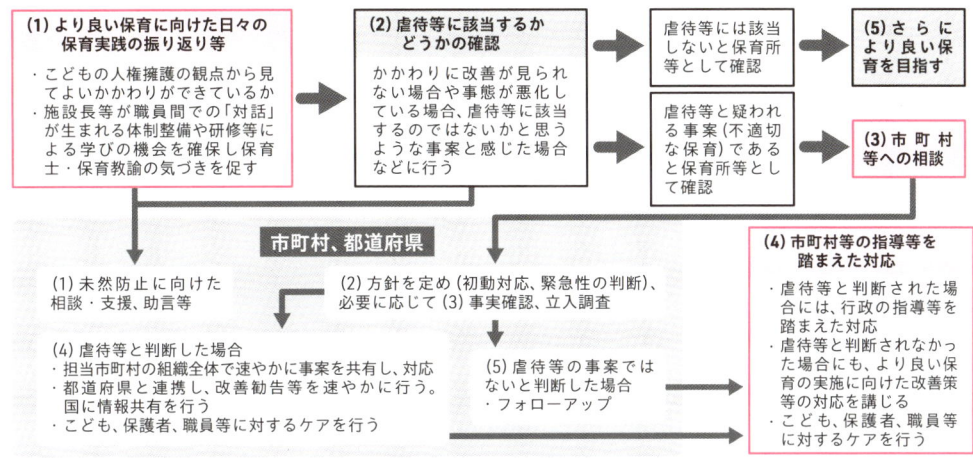

142ページの巻末付録のQRコードから出典元の資料に掲載されているフローチャート全体を確認しておきましょう。

出典：こども家庭庁「保育所等における虐待等の防止及び発生時の対応等に関するガイドライン」より一部改変

▶ 通告しても不利益にはならない

　園内で不適切な保育を発見したとしても、その事実を通告したら解雇されたり降格させられたりするのではないかと心配する方もいるでしょう。ですが、**通告者を通告したことを理由に不利益な扱いをすることは法律上認められていません**。「公益通報者保護法第5条」には、公益通報したことを理由として降格や減給等の不利益な取り扱いをしてはならないと規定されています。不利益な取り扱いには、人事上、経済待遇上の不利益だけではなく、精神上、生活上の不利益な取り扱いも含まれています。例えば、仕事を回さない、雑作業をさせる、会議や行事に参加させない、個人情報や秘密の意図的な漏洩等です。

▶ 一人で抱え込まないこと

　園内で不適切な保育（と思われる）を発見した場合は、まずは園長や主任と相談しましょう。園内できちんと対応され、問題が解決するのならそれに越したことはありません。ですが、十分な対応がなされない場合は、不適切な保育を発見した保育者が一人で抱え込まないようにしてください。**速やかに市町村や都道府県に設置されている相談窓口や担当部署等の然るべき機関に通告・相談しましょう。**

02 不適切な保育に関する報告書・記録作成のポイント

不適切な保育に関する報告書・記録では、事実認定と結論・判断の過程を丁寧に記述することが大事です。

事実と意見を分ける

保育には、誰が見ても適切といえる関わりと誰が見ても適切とはいえない関わりという両極端以外に中間ゾーンがあります。中間ゾーンとは、人によって判断が分かれる関わりです。こども家庭庁のガイドラインでも「明らかに虐待等と判断できるものばかりでなく、個別の行為等について考えたとき、虐待等であるかどうかの判断しづらい場合もある」と示されています。そのため、**不適切な保育に関する報告書や記録を作成する際は、まずは事実と意見をきちんと分けて記述することが大事です**。事実と意見が混在すると適切な事実認定ができず、保育の適否の判断ができなくなります。

事実を記述する際は、詳細（場面や状況）を明らかにすることが大事です。動画や録音データがあれば詳細は明らかになりやすいですが、保育者や保護者による目撃情報（証言）のような場合は問題視された保育の具体的な文脈を細かく記述する必要があります。「早くしなさい！と大声を出していた」というだけでは適切な事実認定はできません。場面や状況によって適否が変わるからです。

結論・判断の過程を示す

事実認定が終わったら、その事実が不適切な保育に該当するか否かを判断します。報告書・記録には、不適切な保育にあてはまる（あてはまらない）という結論・判断を下した過程をきめ細かく記述します。その際は、**結論や判断の基準を明確にしましょう**。例えば、こども家庭庁のガイドラインを基準にした場合は、認定した事実のどこが、なぜこども家庭庁のガイドラインにあてはまる（あてはまらない）のかを記述します。このように結論・判断の過程を明確にすることで、報告書・記録の読み手が理解・納得しやすくなります。

ポイント

事故状況の記録作成の留意点（内閣府のガイドライン）

① ボールペンなどの、修正できない筆記用具で、紙に、手書きで記録する。

② 一人ひとりが個別に記録する。

③ 記録する前や記録している最中には、他の職員と相談しない。

④ 書き終わったものを他の職員に見せない。他の職員が書いたものを見ない。書いた内容について話をしない。

⑤ 書き終わったものは、施設・事業所による保管の他、地方自治体との情報共有を図る。

⑥ 書いた後、本人が「間違った」「書き忘れた」場合には、元の記録用紙を加筆、修正するとともに、地方自治体との情報共有を図る。

＊詳細は浅井 拓久也『保育・教育施設の重大事故予防 完全ガイドブック』（翔泳社・2023年）を参照してください。

▶ 報告書・記録の読み手の気持ちを意識する

　報告書・記録を作成した後は、公開・公表する前に読み手の気持ちを想像しながら内容を点検することが大事です。事実認定や結論・判断の過程に瑕疵はないかだけではなく、読み手が誤解したり不快感をもったりするような言い回しや表現はないかをくまなく点検するのです。不適切な保育が園で起こること自体があってはならないにもかかわらず、その報告書・記録が読み手の怒りや反感を買うようでは信頼関係の回復はありえません。一度公開・公表されたものは取り消しができません。だからこそ、報告書・記録がどのように読まれるかを読み手の立場から考える必要があります。

▶ 事故報告書・記録の書き方を参考にする

　報告書・記録の書き方のポイントは他にもありますが、**園で事故が起こった際に作成する報告書・記録の作成方法が参考になります（次ページ）。**紙幅の都合ですべて説明できませんが、このような方法で記録を作成することで、不適切な保育が起こった状況を多面的に把握したり記録の改ざん・捏造を防止したりすることにもなり、より正確な事実認定につながります。その結果として、報告書・記録の信憑性を高めることになります。

教育・保育施設等事故報告書（記載例）

ver.4
（表面）

基本情報

事故報告回数		第1報		施設・事業所名称	Cこども園	
事故報告年月日	令和6年	1月	11日	施設・事業所所在地	B市中央区D町1-1-1	
事故報告自治体 (都道府県・市区町村)	A県	B市		施設・事業所代表者等	E山 F男	
施設・事業所種別	幼保連携型認定こども園			施設・事業所設置者等 (社名・法人名・自治体名等)	G法人H会	
認可・認可外の区分	認可			施設・事業開始年月日 (開設、認可、事業開始等)	令和2年	4月	1日

①

事故に遭ったこどもの情報

こどもの年齢(月齢)	2歳	8か月		こどもの性別	男
施設入所年月日 (入園年月日、事業利用開始年月日等)	令和5年	4月	1日	所属クラス等	3歳児クラス
特記事項 (事故と因子関係がある持病、アレルギー、既往症、発育・発達状況等)	※ 事故と因子関係がある場合の、当該こどもの教育・保育において留意が必要な事項(気管切開による吸引等の医療行為、経過観察中の疾病名等)についても、この欄に記載してください。				

②

事故発生時の状況

事故発生年月日	令和6年	1月	11日	事故発生時間帯	昼食時・おやつ時		
事故発生場所	施設内(室内)			事故発生クラス等	異年齢構成		
事故発生時のこどもの人数	10名		事故発生時の 教育・保育等従事者数	3名	うち保育教諭・幼稚園教諭・保育士・放課後児童支援員数	1名	
事故発生時のこどもの人数 の内訳	0歳 0名	1歳 0名	2歳 3名	3歳 3名	4歳 4名	5歳以上 0名	学童 0名	その他 0名
事故発生時の状況	食事中(おやつ含む)						
事故の誘因	死亡						
事故の転帰	死亡						
(死亡の場合)死因	窒息 ※ 事故の転帰が「負傷」の場合は、「一」を選択してください。						
(負傷の場合)受傷部位	一 ※ 事故の転帰が「死亡」の場合は、「一」を選択してください。						
(負傷の場合)負傷状況	一 ※ 事故の転帰が「死亡」の場合は、「一」を選択してください。						

③

診断名、病状、病院名	診断名	※ SIDSについては、確定診断が出された時のみ記載してください。
	病状	※ SIDS疑いの場合は、病状として記載してください。
	病院名	I総合病院

③

| 事故の発生状況
(当日登園時からの健康状況、発生後の処置を含めて可能な限り詳細に記載。第1報で可能な範囲で記載し、第2報以降で修正。) | 15：20　本児はケーキ（縦2cm、横2cm、厚さ2cm）をほおばりながら食べるという食べ方をしていた。
　　　　2つ目に手を伸ばして、食べていた。この時、担任保育士は少し離れた場所で他児の世話をしていた。
　　　　ケーキを食べた本児が急に声を出して泣き出した。
　　　　保育士が口内に指を入れて、かき出していたが本児の唇が青くなったことに気がついた。
15：25　看護師を部屋に呼んだ後、救急車を要請。口に手を入れ開かせた。
　　　　背中を強く叩いたが、何も出てこない。泣き声が次第にかすれ声になり、体が硬直してきた。
　　　　看護師が到着した頃に、チアノーゼの症状が見られた。呼吸困難で、手は脱力した状態であることを確認した。
　　　　看護師が脈をとるとかなり微弱で、瞳孔が拡大している。本児がぐったりとし、顔等が冷たいのを確認した。
　　　　心臓を確認すると、止まっている様に感じ、心臓マッサージを行う。
15：33　救急隊が到着し、心肺蘇生等を実施し、病院へ搬送。
15：45　病院到着。意識不明であり、入院。　○／○　意識が回復しないまま死亡。 |
| 事故発生後の対応
(報道発表を行う（行った）場合にはその予定（実績）。第2報以降で追記。) | 【園の対応】
○／○　園において児童の保護者と面談　　○／○　園で保護者説明会　　○／○　理事会で園長が説明
【市の対応】
○／○　記者クラブへ概要を説明 |

※　第1報は、本報告書（表面）を記載して報告してください。
※　第1報は、原則事故発生当日（遅くとも事故発生翌日）、第2報は原則1か月以内程度に報告してください。
※　第2報は、記載内容について保護者の了解を得た後に、各自治体へ報告してください。
※　直近の指導監査の状況報告及び発生時の状況図（写真等を含む）を添付してください。
※　意識不明事故に該当しないものの、意識不明に陥った後に死亡事故や重篤な事故となった場合は、意識不明時の状況も記載してください。
※　「（負傷の場合）負傷状況」欄における「骨折（重篤な障害が疑われるもの）」については、医師の所見等により、骨折に伴う重篤な障害
　　（偽関節、著しい運動障害、著しい変形等）が残ることが疑われる場合に選択してください。
※　記載欄は適宜広げて記載してください。

出典：こども家庭庁「教育・保育施設等 事故報告様式（Ver.4）」

①自治体名や所在地など

　頻繁に変わるものではありません。こうした項目は事故が発生してからではなく、事前に書いておきましょう。

②こどもの状況

　事故にあった子どもの基本的な情報に加えて、事故と関係があると推測できる持病、アレルギー、既往症、発育・発達状況などの情報についても記載します。

③発生状況

　事実と意見（推測・可能性）を分けて書きましょう。事実として書く際は数字で表現できることは数字を使うとよいでしょう。

教育・保育施設等事故報告書（記載例）

ver.4
（裏面）

①

ソフト面

事故防止マニュアル	あり	具体的内容	※ マニュアルや指針の名称を記載してください。 ※ 記載内容が無い場合は、空欄ではなくて「特になし」等と記載してください（以下、同項目において同じ。）。		
事故防止に関する研修	不定期に実施	実施頻度 （回／年）	年に10回	具体的内容	※ 実施している場合は、研修内容・対象者・講師等も簡単に記載してください。	②
職員配置	基準配置	具体的内容	※ 事故発生時ではなく、事故発生当日の保育体制としての配置人数について記載してください。		
その他の要因・分析・特記事項	※ 当該事故に関連する要因や特記事項がある場合は、必ず記載してください。 ※ 記載内容が無い場合は、空欄ではなく「特になし」等と記載してください（以下、同項目において同じ。）。				
改善策【必須】	※ 要因分析の項目を記載した場合は必ず記載してください。また、改善点がない場合もその理由を記載してください。					③

ハード面

施設の安全点検	定期的に実施	実施頻度 （回／年）	年に24回	具体的内容	※ 施設外での事故の場合は、当該場所の安全点検状況を記載してください（以下同じ。）。
遊具の安全点検	定期的に実施	実施頻度 （回／年）	年に12回	具体的内容	※ 遊具等の器具により事故が発生した場合には、当該器具のメーカー名、製品名、型式、構造等についても記載してください。
玩具の安全点検	不定期に実施	実施頻度 （回／年）	年に10回	具体的内容	※ 玩具等の器具により事故が発生した場合には、当該器具のメーカー名、製品名、型式、構造等についても記載してください。
その他の要因・分析・特記事項	※ 寝具の種類（コット、布団（堅さも）、ベビーベッド、ラックなど）、睡眠チェックの方法（頻度など）、児童の発達状況（寝返り開始前、寝返り開始から日が浅い場合は経過日数、自由に動けるなど）等、乳児の睡眠環境については、特に詳細に記載してください。分析も含めた特記事項等、当該事故に関連することを記載してください。				
改善策【必須】	※ 要因分析の項目を記載した場合は必ず記載してください。また、改善点がない場合もその理由を記載してください。					③

環境面

教育・保育の状況	食事（おやつ）中	具体的内容	※ 運動会の練習中、午睡後の集団遊び中等、具体的な保育状況を記載してください。
その他の要因・分析・特記事項	※ 分析も含めた特記事項等、当該事故に関連することを記載してください。		
改善策【必須】	※ 要因分析の項目を記載した場合は必ず記載してください。また、改善点がない場合もその理由を記載してください。			③

人的面

対象児の動き	いつもより活発・活動的であった	具体的内容	※ なぜそのような行動をとったのかを明らかにするため、具体的に記載してください。 （例）朝、母親より風邪気味と申し送りあり、いつもは外遊びをするが室内で遊んでいた等
担当職員の動き	対象児から離れたところで対象児を見ていた	具体的内容	※ なぜそのような対応をしたのかを明らかにするため、具体的に記載してください。 （例）園庭の反対側で対象児ともう一人の児童を見ていたが、対象児が落下する瞬間に手を差し伸べたが間に合わなかった等
他の職員の動き	担当者・対象児の動きを見ていなかった	具体的内容	※ なぜそのような対応をしたのかを明らかにするため、具体的に記載してください。 （例）園庭で他児のトラブルに対応していたため、見ていなかった等
その他の要因・分析・特記事項	※ 分析も含めた特記事項等、当該事故に関連することを記載してください。		
改善策【必須】	※ 要因分析の項目を記載した場合は必ず記載してください。また、改善点がない場合もその理由を記載してください。			③

自治体コメント【必須】

（自治体による事故発生の要因分析等を記載してください。施設・事業者は記載しないでください。）

※ 自治体の立ち入り検査や第三者評価の結果、勧告や改善命令などの履歴があるかどうか、その結果や改善勧告への対応、今後の研修計画等あればその内容等、所管自治体として把握していること、取り組んでいることも含めて記載してください。

【施設・事業所別の報告先】

① 特定教育・保育施設（幼稚園、幼稚園型認定こども園を除く。）、特定地域型保育事業、一時預かり事業（幼稚園、幼稚園型認定こども園で実施する場合を除く。）、病児保育事業（幼稚園、幼稚園型認定こども園で実施する場合を除く。）及び認可外保育施設（企業主導型保育施設を含む。）
→ こども家庭庁成育局保育政策課認可外保育施設担当室指導係（ninkagaihoikushisetsu.shidou@cfa.go.jp）

② 幼稚園、幼稚園型認定こども園
→ 文部科学省総合教育政策局男女共同参画共生社会学習・安全課安全教育推進室学校安全係（anzen@mext.go.jp）
→ 文部科学省初等中等教育局幼児教育課（youji@mext.go.jp）

③ 特別支援学校幼稚部
→ 文部科学省総合教育政策局男女共同参画共生社会学習・安全課安全教育推進室学校安全係（anzen@mext.go.jp）
→ 文部科学省初等中等教育局特別支援教育課（toku-sidou@mext.go.jp）

④ 放課後児童健全育成事業（放課後児童クラブ）
→ こども家庭庁成育局成育環境課健全育成係（seiikukankyou.kenzen@cfa.go.jp）

⑤ 子育て短期支援事業（ショートステイ、トワイライトステイ）、子育て世帯訪問支援事業及び児童育成支援拠点事業
→ こども家庭庁成育局成育環境課家庭支援係（seiikukankyou.katei@cfa.go.jp）

⑥ 子育て援助活動支援事業（ファミリー・サポート・センター事業）
→ こども家庭庁成育局成育環境課子育て支援係（seiikukankyou.kosodate@cfa.go.jp）

【全施設・事業所共通の報告先】

→ 消費者庁消費者安全課（i.syouhisya.anzen@caa.go.jp）

※ 【施設・事業所別の報告先】及び【全施設・事業所共通の報告先】ともに報告をお願いします。
※ 裏面の記載事項は大半部分を公表する予定であるため、個人情報（対象児氏名、搬送先病院名等）は記載しないでください。

出典：こども家庭庁「教育・保育施設等 事故報告様式（Ver.4）」

①要因分析の方法

　要因分析の方法は様々ですが、国が指定している様式ではSHELモデル（詳細は『保育・教育施設の重大事故予防 完全ガイドブック』を参照）が使われています。

②事故予防に関する研修

　園内外の研修に参加した際は、研修で学んだことの振り返りもかねて研修報告書を作成しましょう。研修報告書は研修で配布された資料や受講修了書とともに保管しておきます。

③改善策

　改善策だけではなく、その改善策の効果を検証・測定する方法まで書くとなおよいです。

03 不適切な保育が起こったことを保護者に報告する際のポイント

不適切な保育が起こったことを保護者に伝える際は、真摯な姿勢で慎重に行う必要があります。そのポイントを学びましょう。

▶ 事実を正確に伝える

不適切な保育が起これば、保護者は園に対して怒りと不信感をもちます。そのような中で報告をするのですから、とりあえず報告をしようという姿勢ではかえって保護者の怒りや不信感を増すことになります。

ポイントは第一報と第二報に分けることです。**第一報は起こった事実を包み隠さず正確に伝え、園が今できる最善の対応策を説明することです。**第一報は早ければ早い方がよいです。ネガティブな情報の報告は遅れれば遅れるほど事態を悪化させるからです。とはいえ、拙速ではいけません。第6章2で説明したように、事実と意見をきちんと分けたうえで事実を正確に伝える必要があります。**第二報はなぜそのようなことが起こったのかという原因分析や第一報からさらに踏み込んだ抜本的な対策や再発防止策を説明することです。**保護者への報告は速度も質も大事です。このように第一報と第二報を分けることで、保護者への報告の速度と質の両方を保障することができます。

▶ 隠ぺいや改ざんは絶対にダメ！

不適切な保育の報告では事実を正確に伝えることが何より大事です。**事実の隠ぺいや改ざんはもってのほかです。**こども家庭庁のガイドラインにも、「「隠さない」「嘘をつかない」という誠実な対応である。そうした誠実な対応は、管理者等が日頃から行うべきことであり、こどもや保護者への適切なケアを含め、そのような対応が早期に行われないことは、改善の機会を遅らせ、こどもに対して大きな不利益を与え続けることになる」と示されています。隠ぺいや改ざんは遅かれ早かれ明らかになり、保護者の怒りが最高潮に達します。保護者との関係をさらに悪化させないためにも、正直に事実を伝える必要があります。

報告の姿勢が大事！

　不適切な保育があったことをマスコミの前で報告する園の様子が報道されました。その中で、報告者である園の責任者は子どもの名前を言い間違えたりいわゆる「逆切れ」のような不遜な言動をしたりして、保護者だけではなく全国の視聴者から多くの批判・非難を浴びました。このような姿勢でのぞむのなら報告会は行わない方がよかったくらいです。報告はすればよいのではありません。園が反省し、今後の対応策をしっかり考えていることが保護者や関係者にきちんと伝わるような姿勢で報告をしなければならないのです。信用は二度失ってはなりません。

▶ 信用は二度なくなる

　不適切な保育が起こると、園に対する保護者の信用は二度なくなります。1回目は、不適切な保育の発生時です。子どもの育ちを支えるはずの園で不適切な保育が起こるのですから当然です。2回目は、不適切な保育が起こった後の対応時です。不正確な報告、報告の場に適さない言動での報告、事実の隠ぺいや改ざん等、こうした対応が保護者の信用を失うことになります。不適切な保育が起これば保護者からの信用はなくなります。ですが、**園の対応によっては2回目の信用を失うことは防止できます。**だからこそ、適切な内容と姿勢で報告をする必要があるのです。

▶ 保護者への報告時は録音されていると心得る

　園による保護者への報告（会）は録音されていると心得て行いましょう。ほぼすべての大人がスマートフォンを所持していますから、いつでもどこでも簡単に録音（録画）することができます。報告の際の失言や不遜な物言いは保護者に録音され、マスコミの手に渡り、あっという間に全国放送され、日本中から批判・非難されます。保護者への報告時は録音されていることを前提に、慎重に丁寧な発言をするようにしましょう。

04 不適切な保育だと指摘・告発された際の対応とは

不適切な保育だと指摘・告発された際は、拙速な言動はしないようにしてください。確認すべき事項を一つ一つ丁寧に確認していくようにしましょう。

▶ 保護者から指摘・告発されたときの対応

不適切な保育であると保護者から指摘・告発された場合は通報者が明確なのですから、具体的にどの場面・行為が不適切な保育だと判断されたのかを確認することから始めます。つまり、まず事実を正確に確認することです。事実の確認をしないまま（しながら）、「これは不適切な保育だ」（保護者）、「いや、そうではない」（園）という意見のぶつけ合いをすると不毛な結果に終わります。

事実を確認したら、なぜその場面・行為が不適切な保育だと判断したのかを園（保育者）と保護者で話し合います。すでに説明したように保育の適否は保育観や子ども観、前提や価値観という目に見えない（無意識の）思考の影響を受けます。そのため、保護者が口にする言葉や説明だけではなく、保護者の子ども観や価値観を推し量りなから話を聞く必要があります。こうした無意識の思考を想像しないまま話を聞くと、売り言葉に買い言葉になってしまい、問題解決ができなくなります。

▶ 匿名で指摘・告発されたときの対応

匿名で指摘・告発をされた場合も拙速な言動は慎むことが大事です。誰が見ても不適切な保育だと判断できる場合はよいのですが、そうではない場合は通報者の判断の根拠や過程はもちろん保育観や価値観という目に見えない思考もわかりません。ですから、保護者から指摘・告発された場合以上に対応が難しいことがあります。そのようなときは外部の専門家に議論に参加してもらったり第三者委員会を設置したりするとよいでしょう。**園外の視点を入れて問題視された保育を検討することで、より妥当な判断をすることができますし、それゆえに不適切な保育を防止することにもなります。**

◻ 指摘や告発を受けたときのポイント

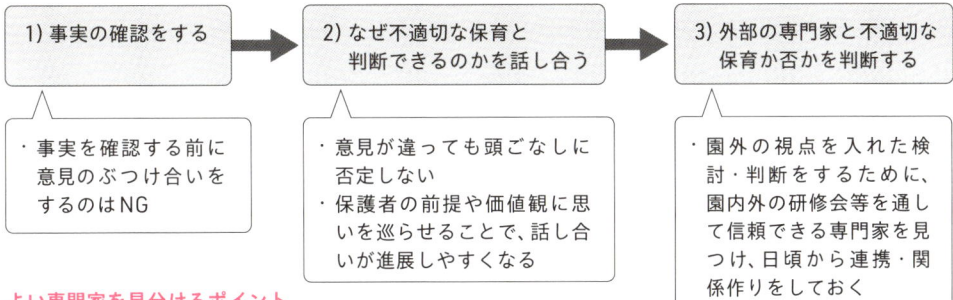

対応の手順

1) 事実の確認をする	→	2) なぜ不適切な保育と判断できるのかを話し合う	→	3) 外部の専門家と不適切な保育か否かを判断する

- ・事実を確認する前に意見のぶつけ合いをするのはNG

- ・意見が違っても頭ごなしに否定しない
- ・保護者の前提や価値観に思いを巡らせることで、話し合いが進展しやすくなる

- ・園外の視点を入れた検討・判断をするために、園内外の研修会等を通して信頼できる専門家を見つけ、日頃から連携・関係作りをしておく

よい専門家を見分けるポイント

1) 保育の原理や原則をきちんと理解していること
2) 園・保育者の気持ち・意図を考慮して考える姿勢があること
3) メールの返信が早いこと

浅井 拓久也『保育・教育施設の重大事故予防 完全ガイドブック』(翔泳社・2023 年) を参照してください

▶ 脊髄反射しないこと！

　日頃より丁寧な保育をしているのに、不適切な保育だと指摘・告発されていい気分になる保育者はいません。実際、何ら問題がなかったのならなおのことです。ですが、だからといって「何を言っているのだ！」と脊髄反射してはいけません。**保育や教育のような人と人が関わる行為は白黒はっきりつかない言動は必ずあります**。どの保育者でも不適切な保育を指摘される可能性はあります。判断が分かれた際は事実や判断の根拠、論理を丁寧に確認し合うことが大事です。脊髄反射で感情的な言動をしないようにしましょう。

▶ 外部の専門家とのつながりを作っておく

　保育の適否を判断する際は外部の専門家を入れるとよいでしょう。園は閉鎖的になりがちなので客観的な判断ができないことがあります。そのため、**外部の専門家を入れて保育の適否を判断するとより適正な判断をすることができますし、通報者の納得も得やすくなります**。園内外の研修会や講演会等を通して保育の適否を判断できる実績や業績のある専門家を見つけ、つながりを作っておくとよいでしょう。なお、ここでいう外部の専門家とは園が困ったときに真剣に対応してくれる専門家のことです。肩書だけ立派な人ではありません。

05 不適切な保育再発防止のために「問題解決思考」を身につける！

不適切な保育が起こった際は「問題解決思考」で対応します。ポイントは、原因分析です。原因分析なくして改善なしです。

▶ 「なぜそのようなことが起こったのか」が何より大事

不適切な保育が起こった際、すぐに解決策を考えてはいけません。特に、「不適切な保育が起こりました。今後は不適切な保育にならないように気をつけます」のように「コインの裏返し」のような解決策は何ら効果がありません。

不適切な保育が起こった際は「問題解決思考」が役立ちます。**「問題解決思考」とは、何が起こったのか（現状把握、事実認定）、なぜそのようなことが起こったのか（原因分析）、どのような対策を講じるべきか（解決策策定）の順番に考えることです。**中でも原因分析は特に大事です。なぜ不適切な保育が起こったのかという原因を明らかにし、その原因を取り除く解決策を講じないと、また同じ問題、つまり不適切な保育が起こります。いわゆる「いたちごっこ」になります。そうならないためにも、不適切な保育が起こった原因を明らかにしたうえで解決策を講じる必要があります。

▶ 個人的な視点と組織的な視点の両方から原因分析する

原因分析をする際は保育者個人の視点と組織的な視点の両方から考えることが大事です。個人的な視点とは、①技術、②知識、③心がまえ（意欲）、④体調です。組織的な視点とは⑤仕組み・ルール、⑥人間関係、⑦環境（文化）です。保育者の①から④、園の⑤から⑦が不十分・不適切でなかったか検討しましょう。

保育者個人の問題に集約してしまうことを防止するために、構造的な視点から原因を考える組織的な視点は特に大事です。**保育者個人の責めにばかりして組織的な視点からの原因分析がなされないと根本的な原因は残ったままになり、不適切な保育はあっという間に再発します。**個人と組織の両方の視点から原因分析することが大事なのです。

原因分析を徹底すること！

　本文でも説明したように、不適切な保育が起こった際は原因分析が欠かせません。ところが、多くの園（保育者）はすぐに解決策を考えようとします。なぜそのような不適切な保育が起こったのかを考えないまま「保育者の言葉がけを見直してみよう」「虐待防止の研修会に参加しよう」という安易な解決策を講じてもまったく効果はありません。食あたりで腹痛を訴える人に頭痛薬を渡すようなものです。まるで意味がありません。不適切な保育が起こった際は、個人の視点と組織の視点から原因を模索しましょう。根本的な原因を除去しない限り不適切な保育をなくすことはできないのです。

▶ 解決策を考える際のポイントは3つ

　第1に、解決策は複数考えることです。不適切な保育は様々な要因が絡み合って起こるのでそれぞれの原因に対応した解決策が必要になります。また、これ1つで万事オッケーというような万能の解決策はありませんので、複数の解決策を重ね合わせなければなりません。

　第2に、解決策を選択する判断基準を明確にすることです。複数の解決策を同時に実行できればよいのですが、そうではない場合は優先順位をつける必要があります。その際に欠かせないのが判断基準です。解決策のメリット・デメリットを並べるだけではなく、何を基準に選ぶ（優先順位をつける）のかを明らかにしておくことは、議論の過程を可視化するためにも保護者や関係者の納得を得るためにも欠かせません。

　第3に、解決策の効果を測定することです。解決策を講じて終わりではありません。解決策は適切・十分だったか、解決策の副作用はないか、解決策を講じたために発生した予想外の出来事はないか等、解決策の効果をしっかり検証する必要があります。

　ここでは解決策のポイントを3つ説明しましたが、他にも様々なポイントがあります。ですが、まずはこの3つを守って解決策を考えるとよいでしょう。この3つのポイントは解決策の効果を高めるにもかかわらず、意外と見落とされるポイントだからです。

06 原因を深掘りすることで、根本的な解決策につながる

「問題解決思考」の肝である原因分析は深掘りすることが大事です。深掘りし、根本的な原因を発見することで、根本的な解決策につながるからです。

▶「なぜ？」は最低でも3回は繰り返す

原因分析をする際は、最低でも3回は「なぜ？」を繰り返すとよいでしょう。 不適切な保育が起こったある園は原因分析を実施し、「社会の風潮を保育者が理解していなかった」、「先輩保育者の指導力が不足していた」ことに原因があったと発表しました。しかし、これでは不十分です。なぜ「社会の風潮を保育者が理解していなかった」のでしょう。なぜ「先輩保育者の指導力が不足していた」のでしょう。原因分析をする際は最低でも3回は原因を掘り下げることが大事です。例えば、「社会の風潮を保育者が理解していなかった」のは、園外の研修会に参加していないことで最新の保育を学習する機会がなかったことが原因かもしれません。では、なぜ園外の研修会に参加できていなかったのでしょうか。それは、退職する保育者が多く、慢性的な人手不足が原因かもしれません。では、なぜ退職者が多いのでしょうか。それは職場のコミュニケーションが不足しており、人間関係が悪いことが原因かもしれません。もしこれが根本的な原因ならば、勤務時間内でいかにコミュニケーションの量と質をあげるかが解決策のポイントになります。

このように、個人的な視点や組織的な視点を組み合わせながら、最低でも3回は原因を掘り下げ、根本的な原因を発見することが大事です。**根本的な原因を除去する解決策を講じることが不適切な保育の再発防止には欠かせません。**

▶ 掘り下げるのをやめるタイミングは？

最低でも3回は原因を掘り下げるとよいと説明しました。では、原因を掘り下げるのをやめるタイミングはいつでしょう。答えはありませんが、**掘り下げるたびに同じ原因が思いつくようであれば、掘り下げるのをやめるタイミングと言えるでしょう。**

■ 深掘りをすると、本当の原因が見えてくる

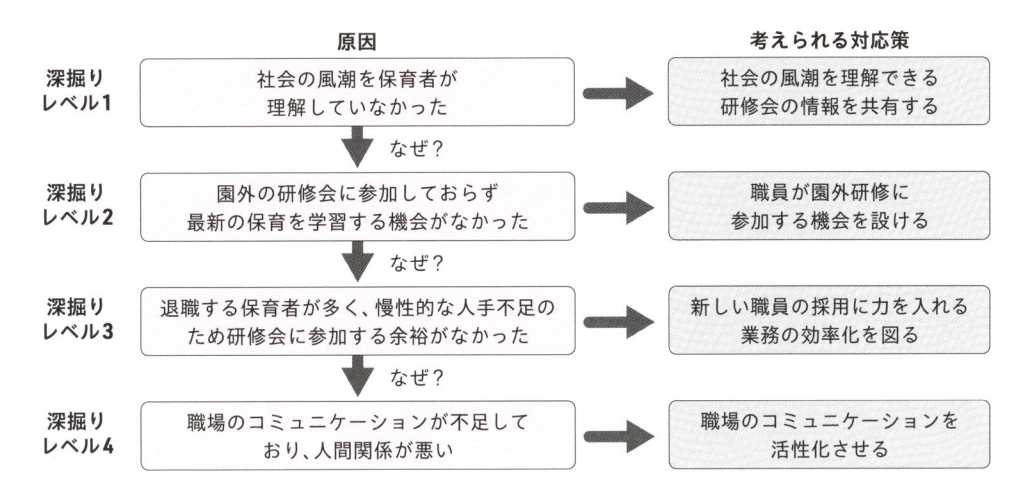

▶ 一時的な解決策と根本的な解決策の違いを理解する

　解決策には2種類あります。**一時的な解決策と根本的な解決策です**。一時的な解決策は、急ぎの解決策とも言えます。不適切な保育が起こった場合、保護者や関係者に急ぎ報告する必要があります。このとき、「ただいま原因を調査しているので解決策はまだわかりません」とは言えません。これ以上子どもの心身を傷つけないための急ぎの解決策が必要です。ですが、これはあくまでも一時的な解決策です。最終的には、根本的な原因を明らかにし、根本的な解決策を講じる必要があります。

　哲学者のニーチェは「体験しても、あとでよく考察しなかったら、何にもならないのだ。どんな体験をしても、深く考えてみることがなければ、よく噛まずに食べて下痢を繰り返すようなことになる。つまり、体験から何も学べていないし、何も身につかないということだ」と言いました。同じく哲学者のデューイは「私たちは経験から学ぶのではない。経験を振り返ることから学ぶのだ」と言いました。「考察」「振り返り」というのは、まさに原因を明らかにする行為と同じです。

　一時的な解決策は不適切な保育が起こった際にこれ以上被害を拡大させないための一時的な解決策にすぎません。最終的には根本的な解決策が必要になるのです。

「みかんの取り合い」の教訓

　保護者と園の話し合いでは、いつの間にかお互いが手段にこだわってしまうことがあります。保護者が「こうしてほしい」というのに対して園は「うちの園ではできません」というような不毛なやり取りが起こることがあります。このような状況になったら、「保護者は何をしたいのだろう？」「何が達成できれば保護者は納得するだろう？」と、そもそもの目的を考えてみると事態を打開することができます。次の例は目的を考えることの大切さを教えてくれる良い例です。

　姉妹が1つのみかんを取り合ってもめていました。そこで、父親が半分ずつにしたらどうだと提案しました。姉妹はみかんを半分ずつに分けましたが、納得していない様子でした。この話を聞いた母親が姉妹に質問しました。なぜみかんがほしかったのと。姉妹はこう答えました。

　妹：「みかんを食べたかったの」　　姉：「ジャムを作りたかったの」

　姉妹の回答を聞けば、みかんを半分ずつにするという解決策が的外れなものであることがわかります。姉にみかんの皮をあげて、残りは妹にあげればよいからです。この例からわかることは目的を考えることの大切さです。なぜみかんを必要とするのかという目的を明確にしていれば、姉にみかんの皮をあげて残りは妹にあげるという姉妹それぞれにとって最適な解決策を導くことはそれほど難しいことではありません。

　保護者と園の話し合いが平行線になったときは目的に立ち戻りましょう。保護者にも園にも最適な解決策が見つかる可能性が高まります。

第 **7** 章

職員の意識と行動を
変える園内研修
（ワーク）

思考力と実践力を高める事例検討会

ワークの趣旨

- 「事例を読んで感想を言い合うだけ」から「事例からしっかり学ぶ」へ変える方法を学ぶ。
- 「思考実験」「追体験」「問題解決思考」を身につける。

参加者（人数） 全職員
実施時間（の目安） 2時間から3時間
準備するもの 不適切な保育の事例や報告書、模造紙、付箋

手 順

① 不適切な保育の事例や報告書を1つ取り上げて事前に読んでおく。

　不適切な保育の経過報告書や今後の対応策をまとめた報告書は自治体のホームページで公開されていることがありますので確認しましょう。

▼

② ①で取り上げた事例や報告書を全職員で読み合う。

　参加者全員が同じ情報をもとに議論できるようにするために、議論の前に読み合うことが大事です。

▼

③ 「問題解決思考」を使って情報を整理し、原因や解決策を考え合う。

　事例や報告書に記述されている情報を「現状（事実認定）」「原因」「解決策」に分けましょう。模造紙と付箋を使って整理すると整理した結果が可視化され、議論を促す際に役立ちます。

▼

④ 各自で「思考実験」「追体験」し発表し合う。

　③と④は順不同になることもあります。議論を踏まえて（議論しながら）、自分だったらどうしたか？そのときの保育者の気持ちはどうだったか？をあれこれ想像してみましょう。

ワークをさらに深めよう

1 事例や報告書に記述されていないことを想像する

「問題解決思考」を使って情報を「現状（事実認定）」「原因」「解決策」に分類したら記述されていない情報はないか考えてみましょう。第6章5で説明した個人的な視点と組織的な視点の両方から考えると記述されていない情報を発見しやすくなります。また、なぜその情報が書かれていないのかも想像してみましょう。

2 「思考実験」と「追体験」をする

「思考実験」とは様々な可能性をあれこれ想像することです。「自分だったらどうしたか？」「もしも状況がこうだったらどうなったか？」「見落としている要因はないか？」のようにです。「追体験」とは当事者の立場から気持ちや思いを想像することです。「その場でそういう対応をせざるを得なかったのはなぜか？」「どのような気持ちで対応したのか？」のようにです。事例や報告書を読んで何となく思いついた感想を言い合うだけでは学習効果はありません。事例や報告書から学ぶことや教訓を得ることが大事なのです。それが保育者の思考力や実践力を高めることになるからです。「思考実験」や「追体験」はそのために役立つ考え方（方法）なのです。

☐ 検討会に利用できる事例／報告書

桑名市不適切保育等の再発防止に関する第三者委員会「報告書（令和5年9月11日）」

墨田区再発防止検討委員会「報告書（令和6年5月）」

一宮市子育て支援課保育施設監査室「「一宮市立黒田西保育園」に関する調査報告書（令和6年3月21日）」

> **まとめ** 事例や報告書は何となく読み合うだけでは学習効果はありません。「問題解決思考」「思考実験」「追体験」を駆使して「読んだ時間の3倍考える」ようにしましょう。

様々な認知バイアスを理解し、対策を考える研修会

ワークの趣旨

● 人間のもつ様々な認知バイアスを理解する。

● 認知バイアスを自分事化し、対策を話し合う。

参加者（人数） 全職員
実施時間（の目安） 1時間から2時間
準備するもの 様々な認知バイアスを列挙した用紙、模造紙、付箋

手順

① 様々な認知バイアスを整理・列挙した用紙を作成し、事前に読む。

認知バイアスをまとめた用紙は研修会の主催者が用意しましょう。第4章6にあるように、バイアス名、定義、事例を掲載すると読み手が理解しやすくなります。

▼

② 研修会では様々な認知バイアスに該当する自身の言動を想像し、用紙に書き込む

「もしこのバイアスに囚われているとしたら」というIF思考で考えるとよいでしょう。そうしないと、「このバイアスは私には関係ない」となってしまい、バイアスについて深く考えることができなくなります。

▼

③ バイアスに該当する自分の言動を考え、書き出す。

模造紙にバイアス名を書き出します。参加者は自分にあてはまるかもしれない言動を付箋に書き、該当するバイアスの近くに貼付していきます。

▼

④ 模造紙に貼付された付箋を見ながら対策を考え合う。

同僚保育者が考えたバイアスに該当する言動を見ることで、新たな気づきを得ることができます。バイアスは無意識に機能するからこそ同僚保育者の記述（付箋）を読むことで自問するきっかけを得ることが可能になります。

ワークをさらに深めよう ✏

1 批判や非難は絶対にダメ！

この研修会では、様々な認知バイアスに対して参加者から該当する事例として様々な言動が挙げられます。このとき大事なことは、「そんなこともできていなかったの？」「そんな思い込みをしていたの？」のような批判や非難はしないことです。このようなことをすると、参加者が認知バイアスに真摯に向き合うことができなく（しなく）なります。その結果、「特に思いつくことはありません」というコメントが大勢を占めるようになり、参加者の学びが少なくなります。また、参加者が出した事例から自分自身の認知バイアスを振り返る機会を失うことにもなります。認知バイアスは誰でもいつの間にか囚われるものです。批判や非難ではなく、参加者の事例から学び、自分自身を問い直す機会にしましょう。

2 行動につながる対策を考える

自分の認知バイアスが明らかになったら対策を考えます。このとき大事なことは、具体的な行動につながる対策を考えることです。現状維持バイアスに囚われていることがわかったのなら、具体的にどのような行動をすることで現状維持バイアスから脱却できるかを考えます。いつ、何を、どのようにするかまで踏み込んで考えるのです。自分が囚われている認知バイアスを明らかにしただけではあまり意味がありません。明らかになった認知バイアスをどのように脱却し、保育者としての成長につなげていくかが何より大事なのです。

◻ 様々な認知バイアス

バイアス	現在バイアス	現状維持バイアス	確証バイアス	同調性バイアス	ハロー効果	代表性ヒューリスティック
概要	いま得られる利益を将来の利益より優先すること。	今まで問題がなかったから今後も問題ないと考えること。	自分の意見や考えに合うような情報ばかり集めて、合わない意見や考えは軽視すること。	よく考えないまま他者と同じ行動をとって安心すること。	1つの評価を全体の評価にしてしまうこと。	よくあるイメージで判断すること。

> **まとめ** 自問自答や参加者の意見を通して自分が囚われている認知バイアスはないか点検しましょう。そのうえで、具体的にどのような対策が必要かを考えましょう。

ワーク 3 自分の保育観や子ども観を知り、見直す研修会

ワークの趣旨

● 日頃は意識していない自分の保育観や子ども観を考え、問い直す。

● 意見が合わないときにお互いの「当然」を想像する思考を身につける。

参加者（人数） 全職員

実施時間（の目安） 1時間から2時間

準備するもの 「当然」可視化シート（特典データとして142ページよりダウンロードできます）

手順

① 保護者や同僚保育者と意見が対立したことを紙に書き出す。

対立とまではいかなくても、話がかみ合わなかったり意見が違ったりしたことでもよいでしょう。また、保護者や同僚保育者とは関係なく、仕事の中で自分が決めたことでもかまいません。

▼

②「当然」可視化シートの「出来事」や「結論」を記入する。

「出来事」は決断や対立の背景に関する事実を書きます。「結論」は自分と保護者や同僚保育者の決断や意見、判断を書きます。なお、「出来事」はいずれも同じ内容になります。

▼

③「出来事」と「結論」をつなぐ「当然」を記入する。

どのような「当然」があると「出来事」と「結論」が自然と結びつくか考えます。「当然」は複数あってもかまいません。

▼

④ それぞれの「当然」の妥当性や他の可能性を考え、考えたことを発表する。

それぞれの「当然」は妥当か、相手の「当然」を受け入れることはできないか、他の「当然」の可能性はないか等、それぞれの「当然」に焦点を当てて考えましょう。あるいは、参加者全員で1つの事例を共有して考えてもよいでしょう。

ワークをさらに深めよう

1 「当然」の根拠を考える

　自分と保護者や同僚保育者それぞれの「当然」を考えて記入したら、その「当然」にはどのような根拠があるか考えてみましょう。そうすることで、自分の「当然」にはあまり根拠はなく単なる思い込みだったことや、相手の「当然」には（納得はできないまでも）それなりの根拠があることがわかり、自分だけではなく他者に対する理解がぐっと深まります。このとき大事なことは、他者の「当然」を間違っていると決めつけるのではなく、「仮にこの当然が正しいとするとどのような根拠があるだろうか」と冷静に考えることです。

2 1つの事例を取り上げて参加者全員で話し合うのもよい

　園と保護者の意見が対立・相違した事例を1つ取り上げて参加者全員で考えるのも良い学びになるでしょう。参加者全員で園と保護者それぞれの「当然」を考えることは、自分自身の「当然」を振り返ったり、自分の視野を広げたり、ひいては保護者理解を深めたりすることにつながります。そのため、研修会の主催者があらかじめ1つの事例を決めておき、参加者はその事例を「当然」可視化シートに落として込んでいきながら「当然」を考えるというスタイルで研修会を進めるのもよいでしょう。

☐ 「当然」可視化シート

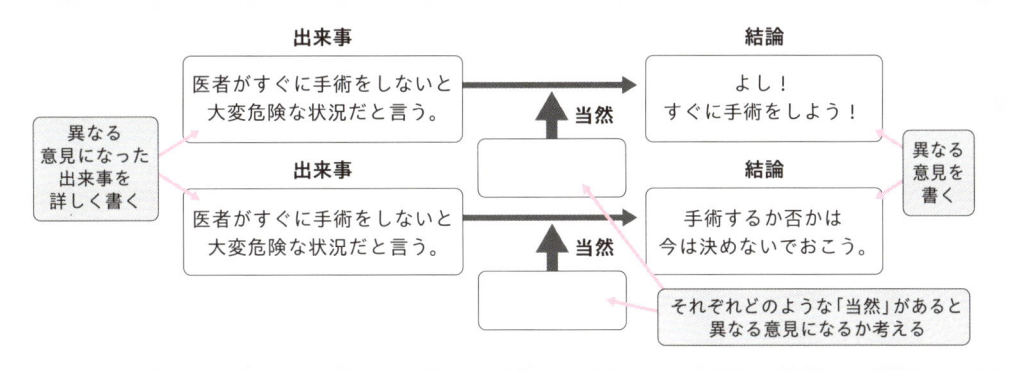

> **まとめ**　保育観や子ども観の違いが意見や判断の違いにつながります。研修会を通して自分の保育観や子ども観をあらためて見直す機会にするとよいでしょう。

「イラ・ム・カット」の分析を通して 自己覚知をする研修会

ワークの趣旨

● 不適切な保育につながりやすい自分の「イラ・ム・カット」を理解する。

● 保育する前にできる「イラ・ム・カット」への対策を考える。

参加者（人数）	全職員、あるいは各自
実施時間（の目安）	1時間から1時間半
準備するもの	特になし（紙とペン）

手順

① 保育中に「イラ・ム・カット」した場面や状況を書きます。自分が「イラ・ム・カット」しやすい場面や状況でもかまいません。

　大事なことは「本音（正直）ベース」で書き出すことです。「本音ベース」で自分と向き合うからこそ自己覚知になるのです。

▼

② 「イラ・ム・カット」対してどのような対策をするか考える。

　保育をする前にできる対策が特に大事です。ですが、「イラ・ム・カット」が保育中に発生した場合の対策も考えておきましょう。

▼

③ 本研修会から1カ月から3カ月程度経過したら、対策の効果を確認する。

　「イラ・ム・カット」への対策が適切だったか否かを確認しましょう。この確認も「本音ベース」で行うことが大事です。

ワークをさらに深めよう

1 「イラ・ム・カット」は原因分析より対策！

　「イラ・ム・カット」にも「問題解決思考」は使えます。「イラ・ム・カット」はどのような場面や状況で起こったか（現状・事実）、なぜ起こったか（原因）、どのような対策をすればよいか（解決策）を順番に考えていくのです。第4章3で説明したように、原因分析では深掘りすることが大事です。ですが、「イラ・ム・カット」の場合は、原因分析の深掘りをやめるわかりやすいタイミングがあります。「生理的にダメ！」が原因として出てきたときです。第4章3で子どもに眼鏡を触られることが嫌だったというシッターの虐待事件を取り上げました。なぜ眼鏡を触られるのが嫌かの理由は定かではありませんが、もし生理的に嫌だということであるのなら、これ以上原因分析をしてもあまり意味がないでしょう。「嫌なものは嫌」だからです。そのため、「イラ・ム・カット」の原因分析をしていく中で「生理的にダメ！」という原因が出てきたら、原因分析の深掘りより対策を考えることに時間を使うとよいでしょう。

2 場合によっては職業選択の見直しも

　「イラ・ム・カット」の中には事前に対策を講じることができない（どうしようもない）ものもあります。筆者の教え子には髪の毛を他者に触られると「イラ・ム・カット」の感情が発生するという女性がいました。これは事前の対策を打ちようがない典型です。なぜなら、保育をしていればかなりの確率で子どもが保育者の髪に触れる、場合によっては髪を引っ張るということが起こりえるからです。このような場合は、保育者という職業を選択しない方が賢明です。「イラ・ム・カット」を明らかにし、事前の対応が可能か否かをよく考えることは、不適切な保育防止だけではなく、保育者としての適性を考え直すことにもなります。

☐ 「イラ・ム・カット」の分析・深堀りの例

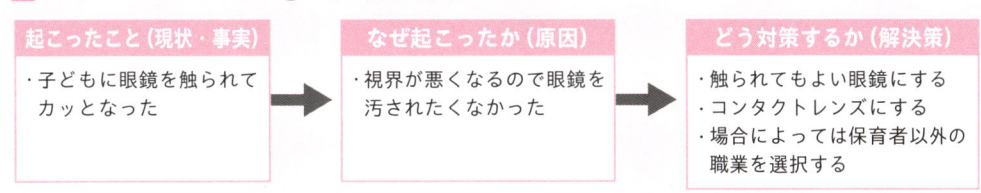

起こったこと（現状・事実）	なぜ起こったか（原因）	どう対策するか（解決策）
・子どもに眼鏡を触られてカッとなった	・視界が悪くなるので眼鏡を汚されたくなかった	・触られてもよい眼鏡にする ・コンタクトレンズにする ・場合によっては保育者以外の職業を選択する

> **まとめ** 自分の中にある「イラ・ム・カット」の感情を自覚し、それらに対する具体的な対策も考えましょう。自己覚知なくして適切な保育なし！です。

5 「子どもは素敵！いいところ大発見」研修会

ワークの趣旨

● 子どものよいところを発見しようとすることで気持ちが前向きになる。

● 明るく、楽しく受講することで保育者のチーム力向上につなげる。

> 参加者（人数）▶ 全職員
> 実施時間（の目安）▶ 1時間から2時間
> 準備するもの▶ 子どもの笑顔があふれる写真1枚

手 順

① 研修会に参加する前に子どもの笑顔があふれる写真を1枚用意する。

　ぜひ参加者に見てほしいという1枚を選びましょう。ただし、この研修では写真は1枚だけにすることが大事です。

▼

② 用意した写真から「ほめポイント」を10個探して書き出す。

　「ほめポイント」とは写真から読み取れる子どもの素敵なところ、育ち、がんばり、工夫等、同僚保育者や保護者に伝えたい子どものよさです。また、「10個」探すことがポイントです。「20個」に挑戦しても面白いでしょう。

▼

③ 参加者同士で用意した写真を交換し、受け取った写真から「ほめポイント」を10個探して書き出す。

　このときも「10個」探すことがポイントです。

▼

④ 発見した「ほめポイント」を発表する。

　自分が発見した「ほめポイント」と参加者が発見した「ほめポイント」を比べたり、発見した「ほめポイント」を発表したりしましょう。思わず笑えるような「ほめポイント」が出てくること間違いなしです。

ワークをさらに深めよう ✎

1 限界を超えて「ほめポイント」を探す！

　用意する写真を1枚に限定し、10個も「ほめポイント」を探すのは、限界を超えて「ほめポイント」を探すことが子どものよさを見つけようとする習慣や思考を身につけることになるからです。実際にこのワークをやってみるとわかるのですが、3、4つの「ほめポイント」は簡単に見つかりますが、そこから先が大変です。ですが、あえて10個の「ほめポイント」を探そうとすることで、子どもに対する見方のブレイクスルー（意外な発見、思考）が起こることがあります。こうした経験の累積が子どものよさを見つけようとする習慣や思考につながります。また、強引にでも10個の「ほめポイント」を探し発表すると、思わず笑みがこぼれる面白い意見も出てきます。このような明るい雰囲気が保育者のチーム力や園への帰属意識を高めます。雑相も自然と起こり、雑相が園文化として定着していくきっかけにもなります。「ほめポイント」10個発見の研修会は良いこと尽くしなのです。

2 前向きな言葉を身につける研修会もあり！

　否定的な言葉を肯定的・前向きな言葉に置き換える研修会を行うのもよいでしょう。例を掲載しましたので挑戦してみてください。前向きな言葉を使うと行動も前向きになります。「思考に気をつけなさい、それはいつか言葉になるから。言葉に気をつけなさい、それはいつか行動になるから。行動に気をつけなさい、それはいつか習慣になるから。習慣に気をつけなさい、それはいつか性格になるから。性格に気をつけなさい、それはいつか運命になるから」とマザー・テレサは言ったそうです。前向きな行動は不適切な保育を遠ざけてくれます。日々の保育の中で前向きな言葉を使うようにしましょう。

否定的な言葉	前向きな言葉
飽きっぽい	好奇心が強い、色々なことに興味がある
あわてんぼう	素早く行動できる、てきぱきしている
おしゃべり	社交的である、お話が上手、活発
変わっている	個性がある、自分の世界を大事にしている
頑固	自分の考えがある、意志が強い
細かい	観察力がある、よく気がつく
緊張しやすい	慎重に考える（行動する）
押しが強い	自己主張ができる、リーダーシップがある

出典：浅井拓久也『先輩保育者が教えてくれる！連絡帳の書き方のきほん』（翔泳社・2019年）より作成

> **まとめ**　子どものよいところを発見しようとしたり常に前向きな言葉を使おうとしたりする姿勢をもつことで、保育者の気持ちも明るく、前向きになり、不適切な保育防止につながります。

ワーク 6 不適切な保育防止マニュアルを全職員で作成する

ワークの趣旨

● マニュアル作成を通して不適切な保育防止のための考え方や方法を学ぶ。
● 全職員で取り組むことで園全体で不適切な保育防止の意識を高める。

参加者（人数）▶ 全職員
実施時間（の目安）▶ 2時間から3時間
準備するもの▶ こども家庭庁のガイドライン等の国や自治体の法令、模造紙、付箋

手 順

① 研修会に参加する前にこども家庭庁のガイドライン等の不適切な保育防止に関する資料を読む。

　参加者が読むべき基本的な資料は、研修会での議論を円滑にするために研修会の主催者が用意するとよいでしょう。

▼

② マニュアル作成に必要な項目を参加者全員で話し合い、付箋に書いて模造紙に貼付する。

　不適切な保育防止のマニュアルに必要な項目を出しましょう。この時点では具体的な内容は不要です。

▼

③ ②で出した項目に即してグループを作り、各グループでマニュアルに記述すべき内容を考えましょう。

　「子どもの人権に対する意識を高める」という項目があれば、子どもの人権に関するどの法令を入れるか、具体的にはどうすればよいか等を考えて付箋に書きます。

▼

④ ③でまとめた内容を模造紙に貼付し、全体を確認しながら加筆修正する。

　参加者全員が貼付したら全体を見て、足りないところや変更した方がよいところを考えます。

ワークをさらに深めよう

1 マニュアルは全職員で作ることに意味がある

　マニュアル作成は全職員で取り組むことが大事です。完成したマニュアルを渡して読んでおいてというのでは不適切な保育防止にはつながりません。どの項目がなぜ必要かを自分でも考えることで不適切な保育防止が自分事化します。また、マニュアル作成の過程で同僚保育者の意見や試行錯誤、工夫を知ることが自分の保育観や子ども観を問い直すことになったり視野を広げたりすることになります。「授人以魚　不如授人以漁」という言葉があります。「飢えている人に魚を与えれば一日で食べてしまうが、魚の釣り方を教えれば一生食べていける」という考え方です。不適切な保育防止マニュアルを与えるだけではなく、自分でも考えて作成の過程に関わることで不適切な保育防止の考え方や方法が身につくのです。

　なお、この研修会ではマニュアルの大枠やラフ案の作成まで行います。最終的にはきちんとした文章や図化、イラスト化が必要です。ですが、全職員がラフ案を作る過程に参加するだけでも効果は大きいのです。

2 必要な研修会を最適なタイミングで開催することが大事

　マニュアル作成以外にも不適切な保育が起こった際の報告書や記録の作成の研修会や保護者対応のシミュレーションの研修会もできるでしょう。不適切な保育防止の研修会は工夫次第で何でもできます。とはいえ、研修会は開催することに意味があるのではありません。いま自園（の保育者）に何が足りていて何が足りないのかをよく考えて、必要な研修会を最適なタイミングで開催するようにしましょう。研修会に参加することに意味があるのではなく、研修会に参加して学びを得て保育の質向上につなげることが大事だからです。

☐ 参考にする資料の例

・「保育所等における虐待等の防止及び発生時の対応等に関するガイドライン」（こども家庭庁）
・「保育所等における虐待等の不適切な保育への対応等に関する実態調査」の調査結果について」（こども家庭庁）
・こども基本法の条文
・児童の権利に関する条約の条文
・「人権擁護のためのセルフチェックリスト」（全国保育士会）

> **まとめ**　マニュアルは読むだけではなく、作る過程に参加することが大事です。その過程で不適切な保育防止の考え方や方法が確実に身についていきます。

巻末付録：原典を確認しておきたいガイドライン・資料（通知）

本書に出てくるガイドライン、通知から4つを選び掲載しました。

保育所等における虐待等の防止及び発生時の対応等に関するガイドライン

保育所・認定こども園等における人権擁護のためのセルフチェックリスト

昨年来の保育所等における不適切事案を踏まえた今後の対策について

保育分野の業務負担軽減・業務の再構築のためのガイドライン

■ 会員特典データ「「当然」可視化シート」のご案内

第7章ワーク3で紹介した「「当然」可視化シート」を以下のURL、QRコードからダウンロードして入手いただけます。

https://www.shoeisha.co.jp/book/present/9784798188027

● 注意

※会員特典データのダウンロードには、SHOEISHA iD（翔泳社が運営する無料の会員制度）への会員登録が必要です。詳しくは、Webサイトをご覧ください。

※会員特典データに関する権利は著者および株式会社翔泳社が所有しています。許可なく配布したり、Webサイトに転載することはできません。

※会員特典データの提供は予告なく終了することがあります。あらかじめご了承ください。

※図書館利用者の方もダウンロード可能です。

本書内容に関するお問い合わせについて

このたびは翔泳社の書籍をお買い上げいただき、誠にありがとうございます。弊社では、読者の皆様からのお問い合わせに適切に対応させていただくため、以下のガイドラインへのご協力をお願い致しております。下記項目をお読みいただき、手順に従ってお問い合わせください。

■ ご質問される前に

弊社 Web サイトの「正誤表」をご参照ください。これまでに判明した正誤や追加情報を掲載しています。

正誤表　　　　https://www.shoeisha.co.jp/book/errata/

■ ご質問方法

弊社 Web サイトの「書籍に関するお問い合わせ」をご利用ください。

書籍に関するお問い合わせ　　　https://www.shoeisha.co.jp/book/qa/

インターネットをご利用でない場合は、FAX または郵便にて、下記 "翔泳社 愛読者サービスセンター" までお問い合わせください。
電話でのご質問は、お受けしておりません。

■ 回答について

回答は、ご質問いただいた手段によってご返事申し上げます。ご質問の内容によっては、回答に数日ないしはそれ以上の期間を要する場合があります。

■ ご質問に際してのご注意

本書の対象を越えるもの、記述個所を特定されないもの、また読者固有の環境に起因するご質問等にはお答えできませんので、予めご了承ください。

■ 郵便物送付先および FAX 番号

送付先住所　　　　〒 160-0006　東京都新宿区舟町 5
FAX 番号　　　　　03-5362-3818
宛先　　　　　　　（株）翔泳社 愛読者サービスセンター

著者紹介

浅井 拓久也（あさい たくや）

鎌倉女子大学准教授。専門は保育学。保育所や幼稚園の顧問・アドバイザーも務める。著書は『マンガでわかる！保育所保育指針　2017年告示対応版』（中央法規出版）、『保育の現場ですぐに使える！伝わる文章＆話し方のきほん』（日本文芸社）、『活動の見える化で保育力アップ！ドキュメンテーションの作り方＆活用術』（明治図書出版）、『安心して仕事を任せられる！新人保育者の育て方』、『保育・教育施設の重大事故予防 完全ガイドブック　実例で学ぶ！安全計画の立て方から園内研修、事故対応まで』（翔泳社）など多数。

装丁	小口翔平、村上佑佳（tobufune）
装丁イラスト	くにともゆかり
本文イラスト	熊アート
DTP	BUCH+

「不適切な保育」の予防・発生時対応ガイドブック

2024 年 11 月 25 日　初版第 1 刷発行

著　　　者	浅井 拓久也（あさい たくや）
発　行　人	佐々木 幹夫
発　行　所	株式会社 翔泳社（https://www.shoeisha.co.jp）
印刷・製本	中央精版印刷株式会社

本書へのお問い合わせについては、143 ページに記載の内容をお読みください。

造本には細心の注意を払っておりますが、万一、乱丁（ページの順序違い）や落丁（ページの抜け）がございましたら、お取り替えいたします。03-5362-3705 までご連絡ください。

ISBN 978-4-7981-8802-7　　　　　　　　　　　　　　　　　　　Printed in Japan